企业数字化转型
实体企业理论与升级方案

黄 舒 郑 毅 杨寅超◎著

電子工業出版社

Publishing House of Electronics Industry

北京 · BEIJING

内 容 简 介

本书是一本数字化转型指南，在收集总结近年来企业数字化建设经验的基础上探索有效的数字化转型路径，旨在帮助企业，尤其是实体企业，掌握数字化转型的"道"与"术"。本书通俗易懂、逻辑严谨，内容极具针对性和实用性，可以帮助读者轻松掌握成功转型的秘诀。

本书分为上、中、下三篇。上篇介绍数字化转型底层逻辑，帮助读者深入地了解数字化转型；中篇介绍数字化转型全局规划，帮助读者从全局角度制订数字化转型计划；下篇主要介绍数字化转型落地场景，帮助读者更加清楚地了解数字化转型的应用价值和应用过程。

本书以生动、新颖的形式介绍了数字化转型相关内容，可谓趣味性、实操性兼具。本书还引入了很多经典案例，希望读者可以在实际场景中学习具体的数字化转型路线和方法，从而更好地掌握数字化转型精髓。

图书在版编目（CIP）数据

企业数字化转型：实体企业理论与升级方案 / 黄舒，郑毅，杨寅超著. —北京：电子工业出版社，2023.11

ISBN 978-7-121-46598-7

Ⅰ．①企… Ⅱ．①黄… ②郑… ③杨… Ⅲ．①数字技术—应用—企业管理—研究 Ⅳ．①F272.7

中国国家版本馆 CIP 数据核字（2023）第 209437 号

责任编辑：刘志红（lzhmails@phei.com.cn）　　　　特约编辑：李　姣
印　　刷：北京天宇星印刷厂
装　　订：北京天宇星印刷厂
出版发行：电子工业出版社
　　　　　北京市海淀区万寿路 173 信箱　邮编　100036
开　　本：720×1 000　1/16　印张：12　字数：192 千字
版　　次：2023 年 11 月第 1 版
印　　次：2023 年 11 月第 1 次印刷
定　　价：86.00 元

凡所购买电子工业出版社图书有缺损问题，请向购买书店调换。若书店售缺，请与本社发行部联系，联系及邮购电话：（010）88254888，88258888。

质量投诉请发邮件至 zlts@phei.com.cn，盗版侵权举报请发邮件至 dbqq@phei.com.cn。

本书咨询联系方式：18614084788，lzhmails@phei.com.cn。

前　言

数字化浪潮风起云涌，《数字中国发展报告（2021年）》中提到："加快产业数字化转型，推进数字化绿色化协同发展，大力发展智慧农业，深入实施智能制造工程，推进工业互联网创新应用，大力发展数字商务，培育数字技术、数据资源驱动的新业态新模式。"在数字化时代的推动下，数字化转型已经成为实体企业发展的必经之路。

《数字中国建设整体布局规划》中强调："推动数字技术和实体经济深度融合，在农业、工业、金融、教育、医疗、交通、能源等重点领域，加快数字技术创新应用。"数字化时代为企业带来的不仅是机遇，更是挑战。在充满不确定性的商业环境下，企业如何顺利走上数字化转型之路，在数字化领域开拓出一片新天地？本书为实体企业的数字化转型提供了详细的理论指导和升级方案。

上篇通过分析数字化时代趋势，帮助读者了解数字化转型的现状和进程。通过对数字化转型经验的总结，列举了几点常见的或致命的数字化转型失败原因，并对其进行分析，帮助读者排除数字化转型的雷区。该部分通过对数字化转型的本质、难点等方面的论述，帮助读者找到开启数字化转型之路的最佳方案，并通过数字化转型成功案例，为读者提供理论、经验和方法参考。此外，上篇对数字化转型中的关键数字技术进行了详细论述，帮助企业深刻了解不同的数字技术的价值和应用。

中篇重点阐述了数字化转型的关键理论，帮助读者从专业的角度制定数字化转型战略和决策。同时，该部分为读者提供了一些专业的数字化水平评估方式，帮助读者评估自身企业的数字化能力和进程，以选择合适的转型时间点，制订科学、合理的转型规划。中篇还分别阐述了数据、领导者、团队、中台在企业数字化转型中发挥的作用，帮助企业了解如何在企业内部沉淀数字化资产。

下篇主要对数字化转型的应用落地进行了具体阐述，包括数字化文化的打造、数字化组织的建设、数字化人才的选拔和培养等。分别对财税、采购、制造、零售、营销和服务等领域的数字化转型模式和方案进行了详细论述，为读者提供不同领域的实操方法。此外，该部分利用各领域的一些知名转型案例，帮助读者挖掘数字化转型的秘诀和规律，帮助读者掌握数字化转型的技术应用技巧。

数字化时代已经到来，想进行数字化转型的企业越来越多，企业需要一本数字化转型指南来帮助自己规避转型路上的风险，抓住转型路上的机遇，指导自己走正确的转型道路。无论从认知构建还是能力培养方面来说，本书都是一本实用的转型指导工具。

本书筹备了 3 年多，在此感谢上海财经大学国际工商管理学院、复旦大学管理学院、上海人工智能学会、上海浦东新区管理咨询行业协会、上海生产性服务业促进会、上海区块链技术协会、创合汇创新院、华创胡杨创业学院、上海交大教育集团高净值研究院的学者和专家老师，以及华为云上海公司、比姆泰客信息科技（上海）有限公司、上海明颂企业管理咨询有限公司等企业的企业家对作者及本书的支持！祝福国家山河无恙，人间皆安！祝福大家健康平安！烟火向星辰，所愿皆成真！

编　者

2023 年 8 月

目 录

上篇 数字化转型底层逻辑

第1章 建立认知：积极拥抱数字化时代 ······················ 2

1.1 数字化转型现状分析 ································· 2

   1.1.1 综合分析：数字化转型进程如何 ················ 2

   1.1.2 数字化转型被越来越多企业重视 ················ 5

   1.1.3 不同企业的数字化水平有差距 ·················· 6

1.2 数字化时代下的新变革 ····························· 7

   1.2.1 被重新定义的需求端 ···························· 7

   1.2.2 实体企业是如何被颠覆的 ······················ 8

   1.2.3 社区电商与社交电商迅猛发展 ·················· 10

1.3 顺应数字化时代是大势所趋 ························· 11

   1.3.1 竞争战略→合作战略 ···························· 11

   1.3.2 数字化时代需要共生型组织 ···················· 12

   1.3.3 协同效应助力企业价值最大化 ·················· 12

第2章 转型筹备：描绘数字化路线图 ····················· 14

2.1 为什么数字化转型会失败 ··························· 14

   2.1.1 把数字化转型成本想得过高 ···················· 14

   2.1.2 把数字化转型"扔"给 IT 部门 ················· 16

　　　2.1.3　缺乏专业的数字化人才 ……………………………………… 17

　　　2.1.4　拒绝创新，只会模仿其他企业 ………………………………… 18

　2.2　企业如何开启数字化之路 ……………………………………………… 19

　　　2.2.1　你真的了解数字化转型的本质吗 ……………………………… 19

　　　2.2.2　数字化时代，企业要突破三大难关 …………………………… 20

　　　2.2.3　从传统企业升级到数字化企业 ………………………………… 23

　　　2.2.4　勇于试错，找到最佳方案 ……………………………………… 24

　2.3　盘点成功的数字化转型实践案例 ……………………………………… 25

　　　2.3.1　西贝莜面村：实施供应链转型计划 …………………………… 25

　　　2.3.2　耐克：坚持走精益转型之路 …………………………………… 26

　　　2.3.3　中国石化：引入具备强大功能的易派客 ……………………… 27

第 3 章　技术升级：掌握转型必备技术 …………………………………………… 28

　3.1　核心技术一：人工智能（AI） ………………………………………… 28

　　　3.1.1　AI 的三个发展阶段 ……………………………………………… 28

　　　3.1.2　数字化时代，AI 如何赋能企业 ……………………………… 30

　3.2　核心技术二：大数据 …………………………………………………… 31

　　　3.2.1　思考：真的了解大数据吗 ……………………………………… 31

　　　3.2.2　如何借助大数据建立数字化优势 ……………………………… 32

　　　3.2.3　大数据应用场景汇总 …………………………………………… 33

　3.3　核心技术三：物联网 …………………………………………………… 35

　　　3.3.1　伪命题：万物互联已经实现 …………………………………… 35

　　　3.3.2　物联网让资源在内部被共享 …………………………………… 35

　　　3.3.3　物联网平台为企业数字化转型赋能 …………………………… 36

　3.4　核心技术四：云计算 …………………………………………………… 39

　　　3.4.1　思考：云计算究竟有什么优势 ………………………………… 39

　　　3.4.2　数字化时代，企业必须上云 …………………………………… 41

　　　3.4.3　AWS 云平台如何为天天果园赋能 ················· 41

中篇　数字化转型全局规划

第 4 章　战略布局：构建数字化成长决策 ················· 44

　4.1　数字化成长决策三大理论支持 ··················· 44

　　4.1.1　资源学派：拥有稀缺性的资源 ················· 44

　　4.1.2　能力学派：能力与决策相结合 ················· 46

　　4.1.3　结构学派：维持秩序的稳定 ·················· 47

　4.2　影响数字化成长决策的因素 ···················· 48

　　4.2.1　企业长期积累的内部数据 ··················· 49

　　4.2.2　对海量外部数据的分析情况 ·················· 50

　　4.2.3　企业家精神的重要作用 ···················· 51

　4.3　决策风险：过度依赖数字化 ···················· 52

　　4.3.1　对市场空间精准判断必不可少 ················· 52

　　4.3.2　适度跨界的决策，实现多元化发展 ··············· 53

　　4.3.3　不要盲目相信过往历史数据 ·················· 54

第 5 章　拟定方案：梳理转型关键环节 ················· 56

　5.1　分析数字化转型必要性 ······················ 56

　　5.1.1　进行数字化 MAX 成熟度测试 ················· 56

　　5.1.2　分析数字化转型必要性的九大要素 ··············· 58

　　5.1.3　对数字化转型进行风险评估与管理 ··············· 60

　5.2　明确数字化转型时间 ······················· 62

　　5.2.1　理论基础：剪刀差理论与马太效应 ··············· 62

　　5.2.2　不同企业的数字化转型时间 ·················· 63

　5.3　选择数字化转型的牵头人 ····················· 64

　　5.3.1　董事会的主导地位 ······················ 64

　　5.3.2　CEO 也要参与数字化转型 ··················· 65

第 6 章　高效执行：引爆企业转型动能 ·································· 67

6.1　常见的数字化转型模式 ·· 67

6.1.1　模式一：精益模式 ·· 67

6.1.2　模式二：增强模式 ·· 69

6.1.3　模式三：创新模式 ·· 70

6.1.4　模式四：跃迁模式 ·· 71

6.2　控制数字化转型成本的方法 ·· 72

6.2.1　从数字化价值链入手 ······································ 73

6.2.2　将数据沉淀下来是重要任务 ······························ 74

6.2.3　从关注重资产转向关注轻资产 ···························· 75

6.3　加快数字化转型进程的方法 ·· 76

6.3.1　持续提升数字化能力 ······································ 76

6.3.2　打造利益共赢生态链 ······································ 78

第 7 章　中台建设：为转型按下快捷键 ································ 79

7.1　数字化转型武器——中台 ·· 79

7.1.1　思考：中台是什么 ·· 79

7.1.2　中台有哪些能力 ·· 80

7.1.3　避开中台建设的天坑 ······································ 81

7.2　不可或缺的 3 类中台 ·· 83

7.2.1　数据中台 ·· 83

7.2.2　技术中台 ·· 85

7.2.3　业务中台 ·· 87

7.3　如何加强中台建设 ·· 88

7.3.1　建设中台的三大原则 ······································ 88

7.3.2　数字化时代流行双中台战略 ································ 90

7.3.3　解读爱驰汽车的中台战略 ·································· 92

下篇　数字化转型落地场景

第 8 章　组织转型：敏捷与灵活响应是重点 ············· 94

8.1　数字化时代的组织变革 ························· 94

8.1.1　科层制组织 VS 生态型组织 ············· 94

8.1.2　团队成为最小作战单元 ············· 96

8.1.3　打造稳固的三角型架构 ············· 97

8.1.4　数字化办公提升组织效率 ············· 98

8.2　构建数字化文化氛围 ························· 100

8.2.1　开放、自由的文化更适合数字化时代 ············· 100

8.2.2　数字化文化打通部门墙 ············· 101

8.2.3　人才联盟加速文化转型进程 ············· 103

8.3　获取数字化领导力的方法 ························· 104

8.3.1　使命、愿景和价值观必须贴合战略 ············· 104

8.3.2　创造力和强大心理素质必不可少 ············· 105

8.3.3　私人董事会将成为最佳助力 ············· 106

第 9 章　财税转型：提升财税管理水平 ············· 108

9.1　用数字化财税迎接数字化时代 ························· 108

9.1.1　财税为什么要数字化转型 ············· 108

9.1.2　难点分析：数字化财税面临何种挑战 ············· 109

9.1.3　如何正确地走数字化财税之路 ············· 111

9.2　数字化时代的共享式财税 ························· 112

9.2.1　数字化财税的共享趋势 ············· 112

9.2.2　树立现代化财税思维 ············· 113

9.2.3　必备武器：财税共享平台 ············· 115

9.3　财税变革为数字化转型赋能 ························· 116

9.3.1　加快构建财税无纸化能力 ············· 117

9.3.2　税金管理的数字化转型 ································ 117

9.3.3　必备工具：OCR 扫描+电子发票 ················ 118

第 10 章　采购转型：将交易放在阳光下 ················ 120

10.1　传统采购 VS 数字化采购 ························· 120

10.1.1　传统采购面临巨大困境 ······················ 120

10.1.2　数字化采购释放魅力 ························· 122

10.2　数字化时代的新型采购模式 ····················· 123

10.2.1　集中采购助力采购转型 ······················ 123

10.2.2　共享采购推动资源交换 ······················ 125

10.2.3　协同采购重塑伙伴关系 ······················ 125

10.3　企业如何实现采购数字化转型 ··················· 126

10.3.1　采购数字化转型的路径 ······················ 127

10.3.2　照明行业的数字化高效采购模式 ············· 128

第 11 章　制造转型：加速传统行业创新 ················ 131

11.1　制造转型之生产路径创新 ······················· 131

11.1.1　通过大数据设计与研发产品 ·················· 131

11.1.2　新路径：从用户到产品 ······················ 132

11.1.3　整合与优化生产价值链 ······················ 134

11.2　制造转型之生产模式变革 ······················· 134

11.2.1　引进自动化生产线，提升生产效率 ··········· 135

11.2.2　360°监控，精益化生产不是梦 ··············· 136

11.2.3　加快实现自适应生产 ························· 137

11.3　制造转型之工厂无人化 ························· 138

11.3.1　数字工厂是数字化时代的产物 ················ 138

11.3.2　充分利用工业大数据的价值 ·················· 139

11.3.3　机器人在数字工厂中发挥巨大作用 ··········· 140

11.3.4　感受菲利华的数字化无人工厂 ························· 141

11.3.5　比姆泰客的数字化绿色工厂解决方案 ··············· 142

第 12 章　零售转型：轻松实现降本增效 ······························· 146

12.1　零售转型关键点：产品+用户 ······························· 146

12.1.1　用数据驱动运营 ··· 146

12.1.2　为用户贴上行为标签 ··································· 147

12.1.3　小米的爆款秘密 ··· 148

12.2　新零售下的供应链变革 ······································· 149

12.2.1　新型供应链：柔性供应链 ···························· 149

12.2.2　直播是如何影响供应链的 ···························· 150

12.2.3　数字化供应链建设方案 ······························· 151

12.2.4　宋小菜的反向供应链战略 ···························· 152

12.3　数字化时代需要全渠道协同发展 ·························· 154

12.3.1　重新定义人、货、场 ··································· 154

12.3.2　短视频渠道成为热点 ··································· 155

12.3.3　线上线下双融合 ··· 156

第 13 章　营销转型：一站式提升获客率 ······························· 157

13.1　数字化营销引发权力转移 ···································· 157

13.1.1　数字化时代，商业话语权在谁手里 ··············· 157

13.1.2　营销创新：引爆大众媒体 ···························· 158

13.1.3　如何联通 B 端与 C 端 ································· 160

13.2　更精准的用户洞察 ··· 161

13.2.1　用户消费路径发生的巨大变革 ····················· 161

13.2.2　数字化时代的新型用户画像体系 ·················· 162

13.2.3　技术助力企业看透用户 ······························· 163

13.3　执行模型：营销转型实用工具 ····························· 164

13.3.1 打造完善的 TO B 体系 ……………………………………… 164

13.3.2 关键任务：抓取高价值数据 ………………………………… 166

13.4 营销数字化方法论 …………………………………………………… 166

13.4.1 数字化营销步骤 ……………………………………………… 167

13.4.2 转型重点：销售部门+市场部门 …………………………… 168

13.4.3 营销数字化工作必须有牵头者 ……………………………… 169

第 14 章 服务转型：打造交互式极致体验 ………………………………… 170

14.1 服务模式变革的方式 ………………………………………………… 170

14.1.1 打造高效能、高水平服务 …………………………………… 170

14.1.2 线上与线下被打通 …………………………………………… 171

14.2 数字化时代的用户新体验 …………………………………………… 172

14.2.1 数字化服务的实施技巧 ……………………………………… 172

14.2.2 家政服务业的数字化转型 …………………………………… 174

14.3 数字化服务离不开技术 ……………………………………………… 175

14.3.1 全息投影：身处异地也能享受实时服务 …………………… 175

14.3.2 云端健身设备全量感知，跑步机成为健身教练 …………… 176

上 篇

数字化转型底层逻辑

第 **1** 章

建立认知：积极拥抱数字化时代

如今，越来越多的企业重视数字化转型，积极融入数字经济发展新浪潮。数字化时代给企业的发展既带来了挑战，也带来了机遇。企业应正确认识数字化对企业变革与升级的深刻影响，正确认识数字经济与实体经济交融、共存的发展模式，积极拥抱数字化新时代。

1.1 数字化转型现状分析

数字化转型是经济发展的重要引擎，也是重塑全球价值链的关键力量。当今的数字化转型依然以发达国家为主导，以服务业为推动力。在数字技术与实体经济逐渐融合的过程中，企业对数字化的探索越来越深入，企业之间的竞争也越来越激烈。

1.1.1 综合分析：数字化转型进程如何

从 20 世纪到 21 世纪，数字技术逐渐改变了全球供应链、产业链的长短、布局及要素的利用形式，加快了数字产业化、产业数字化的进程。数字化转型不仅赋能传统产业，还催生出越来越多的新兴产业，构建数字经济新生态。数字化转型迄今已经历了 3 个进程。

1. 2000 年之前，以互联网连接为特征的数字化转型

20 世纪八九十年代，计算机在美国逐渐得到普及。随着计算机的普及率逐渐升高，半导体和软件出口成为美国的重要贸易收入来源。同时，随着生产、生活的需要，人们对计算机性能的要求越来越高，推动了美国信息工业的发展。

在计算机和通信技术的快速发展下，人们利用信息技术实现了计算机之间的连接，推动了全球互联网的发展。中国于 1994 年接入全球互联网，加入全球数字化转型的浪潮。这个阶段的数字化转型以互联网连接为主要特征，以通信改革为主要表现形式，以互联网企业为动力支撑主体。以搜索引擎开发为代表的互联网企业，在通信技术、网络和软件的支持下，逐渐成为数字化转型的先导力量。

2. 2000 年至 2016 年，以共享和融合为特征的数字化转型

进入 21 世纪，数字化转型在服务业不断推进，具有共享特征的产品和服务率先开展数字化转型。数字化内容提供商和内容共享平台的出现，将线下图书、音乐、影片等产品数字化；优步、摩拜、闲鱼等共享服务平台的出现，逐渐推动产品和服务向共享形态演进。同时，数字发行、数字金融、数字交易等数字产品和服务逐渐普及并为消费者所熟知，越来越多的服务型企业开始打造数字化社区，以增加用户黏性。

数字经济的发展加快了服务业整合的速度，以制造业和服务业融合为特征的数字化转型大规模开展。计算机、电子设备成为制造与服务融合的关键推动力，数字内容逐渐被融入电子设备的开发中。随着数字技术的发展，越来越多的制造企业通过购买和引进数字化服务提升生产效率，这大大降低了制造企业进行 ICT（信息通信技术）基础设施投资、开发的成本，同时也节约了社会资源。

在跨国企业的推动下，电子设备制造业逐渐在全球打开布局。在数字软件和硬件的共同支撑下，企业的数据分析和运用能力得到了大幅提升，数据的重要性逐渐凸显。

3. 2016 年至今，以平台智能化为特征的数字化转型

云计算、大数据、人工智能等技术的进步，使数据的价值充分体现出来，很多企业致力于提高自身的数据分析和应用能力。网络用户数量的不断增加，使平台成为产品和服务的重要载体，推动数字产业生态的建立。

在这个阶段中，数字化转型主要以平台化为基础，以智能化为目标。数字经济逐渐与实体经济融合，产生了两种融合路径：一种是互联网企业通过提供平台服务、数据服务、云服务和数字化基础设施等，赋能其他产业数字化变革，推动业务流程的数字化转型，例如，阿里、腾讯等企业向其他企业提供云服务。另一种是传统制造商基于自身制造经验，对 ICT 基础设施进行投资，搭建互联网平台，使产品、业务流程和服务以数字化的形式呈现，如华为的 FusionPlant、海尔的 COSMOPlat、西门子的 MindSphere 等。这些平台的数字化转型延伸了数字经济发展进程中的共享精神，拓展了分享经验、分享产品、分享服务和分享数据的形式，使数字化转型的主战场逐渐从 C2C（个人对个人）、B2C（企业对个人）扩展至 B2B（企业对企业）领域。

人工智能技术的发展既改变了企业形态和传统的生产组织形式，同时也完善了公共服务供给和城市基础设施建设，加速了生产端和消费端的深度融合，将更多的服务融入产品中。在技术的推动下，生产领域逐渐建立起智能化供应链、智能化工厂或智能化车间，部分行业实现了机器代替人工。

在社会领域，基于无人驾驶技术和大数据技术的智慧交通体系得到了广泛的应用，基于远程云计算和医疗数据分析的智慧医疗蓬勃发展。除此之外，融合了多种数字技术的虚拟世界——元宇宙逐渐开启了人们对数字生态的新探索。数字技术催生了新产业、新业态、新模式，这些都是数字化转型的具体体现。

1.1.2　数字化转型被越来越多企业重视

数字化转型正在成为企业变革的新趋势。随着全球经济的蓬勃发展，各行各业的竞争越来越激烈，越来越多的企业开始意识到数字化转型的重要性。数字化转型不再是一个流行语，它已经成为各行各业讨论的关键话题。

数字化转型是一场革命，在一定程度上可以改变世界经济的发展趋势。数字化转型为各行各业的业务创新绘制了蓝图，提高了众多企业的竞争优势。企业需要具备适应时代发展和社会变革的能力，因此，企业需要提高自身的业务敏捷性，而数字正是企业 DNA 中的一部分。

很多传统企业开始关注数字化转型的窗口期，致力于依托数字技术改变传统运营管理模式，以进一步激发企业活力。对于企业而言，数字化转型和数字技术给企业提供了新的业务发展模式和盈利增长空间；对于行业而言，物联网、5G、大数据和人工智能等技术给传统产业的商业逻辑和商业模式革新提供了新的思路和数字技术支撑，推动了全球产业链的重塑。数字化转型已是大势所趋，越来越多的企业开始重视数字化转型的关键意义。

技术的不断革新逐渐改变了我国的商业环境，我国的经济依托数字化转型高速发展。数字技术是支持经济、社会和环境可持续发展的有利武器。企业外部发展环境是动态变化且不可预测的，持续变化的数字化发展环境给企业带来了竞争压力，企业不得不进行变革和调整，以应对数字化时代带来的挑战。

不断发展的数字分析技术，不断加强的数据可用性和产品连接性，逐渐模糊了行业、市场与参与者之间的原有界限。基于此，许多企业开始进行数字化转型，以抓住行业发展机遇，营造稳定的企业发展环境。

数字技术持续影响并革新企业价值创造的路径，越来越多的企业希望融入数字化转型的浪潮中，获得发展新动能。但综合企业发展现状来看，不同企业的数字化水平及成熟度存在明显的差异。

1.1.3 不同企业的数字化水平有差距

数字化浪潮的兴起促使很多企业进行数字化转型。不过，并非加入数字化转型队伍中的企业都能够迅速适应，追赶上数字化时代的步伐，不同企业的数字化水平存在差距。企业的数字化水平可以分为以下 3 种程度，如图 1-1 所示。

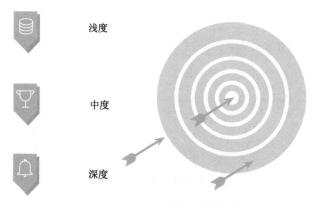

图 1-1 企业数字化水平的 3 种程度

1. 浅度

传统劳动密集型中小企业一般具有浅度数字化水平。这一类企业进行了数据规范化管理、基础业务流程梳理和信息技术的简单应用，利用信息技术手段实现了单一业务的数字化管理。浅度数字化水平的企业已经初步进行了数字技术的简单运用，但还需要提升自身对数字化工具的具体认知。

2. 中度

营销或设计类企业一般具有中度数字化水平。这一类企业基本能够利用信息系统、信息管理工具和其他数字技术进行数据分析，并能够实现企业主营业务的数字化管控。不过，由于这一类企业对数字技术的需求存在两极分化的现象，所以有些数字技术并没有得到充分利用。因此，中度数字化水平的企业亟待提高数字化工具的运用效能。

3. 深度

互联网与服务类企业一般具有深度数字化水平。这一类企业具有业务链数据集成分析能力，通过数据驱动实现了智能决策和业务协同，在企业内部管理、市场运营、市场营销、智能化生产和供应链管理方面呈现多层次联动特征。

企业数字化水平的差异不仅取决于企业实力的不同，还取决于企业的核心发展需求和业务类型的不同。因此，企业需要根据经营的实际需求，不能为了数字化而数字化。

1.2 数字化时代下的新变革

数字化洪流之下，各行各业围绕被重新定义的需求端不断进行数字化转型和升级。数字化时代推动了产业变革，创新了各行各业发展的空间。

1.2.1 被重新定义的需求端

随着物质生活水平的提高，人们对产品质量和性能的要求越来越高，需求端被重新定义。因此，企业亟待提高自身技术创新水平，为用户提供能够满足其需求的产品和服务，同时依托数字技术实现企业内部的高效运营和管理。

首先，从个人与家庭的需求来看，人们更加追求快速、便捷、智能、有趣的生活方式。以智能手机为例，智能手机围绕消费者的需求升级而不断融入新技术，其中包括 5G、语音识别、雷达传感器、机器学习等数字技术。5G 的信号传输更稳定，网速更快，极大地提升了用户的通信和上网体验，满足了用户对更高网速的需求。语音识别技术为智能手机的语音解锁、语音输入、语音召唤等功能提供支持，满足了用户对信息输入更便捷的需求。雷达传感器能够帮助用户实时了解其所在或想要到达的位置，在引领其前往想要到达的位置时，能自动为用户计算距离，规划时间、路径和出行方式。雷达传感器结合机器学习，能够帮助用户发现或推荐其可能感兴趣的地点，为用户提供更精准的生活、娱乐推荐，大大满足了用户对便捷、愉快出行的需求。

其次，从企业自身的需求来看，随着企业业务量的增长，人工成本越来越高，加之人工误差的存在，企业对办公自动化的需求越来越强烈。因此，会计电算化、ERP（企业资源计划）系统等数字化应用产生，提升了企业的生产、运营效率。例如，会计电算化极大地提高了财务部门的记账效率，不仅帮助企业节省了人工成本，还降低了财务汇总的误差，实现了财务部门的高效运营。

ERP系统是在企业生产需求的驱动下产生的。在生产过程中，生产工序之间的协调十分重要，前一道生产工序既不能太快，导致后面的工序跟不上，也不能太慢，导致后面工序积压。

ERP系统融合信息综合管理技术和信息决策管理技术，对生产和仓储进行了合理的调度和管控，为企业生产制订全面规划，其中包括常规物料库存、销售订单量、常规产品生产计划和常规产品采购计划，为企业提供决策支持，满足企业精准生产、采购和管理的需求。

需求端不断升级促进生产制造向自动化和智能化的方向发展，要想满足用户和企业自身的发展需求，企业需要加快更新数字技术，以更好地融入数字化时代，推动数字化时代变革。

1.2.2　实体企业是如何被颠覆的

数字化时代正在重塑实体企业，在网络化、自动化、智能化的数字技术的推动下，实体企业迸发出新的生命力。数字经济与实体经济的全面融合，为社会经济的高质量发展提供了更加强大的动力。

经济发展的着力点是实体经济，实体经济需要与数字经济相互支撑，融合发展。数字化时代催生了很多新兴实体企业，一批拥有实体基因同时具备先进技术能力的实体企业应运而生。面对数字经济的发展，实体企业亟须加快数字化转型步伐，以更好地融入数字化时代发展浪潮。

家电行业近年来发展缓慢。2022 年，欧睿国际公布的数据显示，家电行业整体规模近五年的年均增速仅为 1.6%。与此同时，全球正迎来新一轮科技和产业革命，以云计算、大数据等为代表的数字技术给实体企业带来了强烈冲击。在数字化浪潮的影响下，家电类企业被推到了转型升级的十字路口。数字化时代的发展给家电类企业带来了前所未有的挑战，同时也给家电类企业的发展增添了新动力。

以知名实体企业海尔智家为例，为了迎合数字化浪潮，拓展企业的价值创造新空间，海尔智家在 2021 年下半年开启了全流程、全节点、全要素的数字化转型，这使海尔在数字化时代取得了新突破。截至 2022 年 11 月 11 日，海尔智家在京东、天猫等电商平台的零售总额突破新高，而数字化转型正是海尔智家获得新突破的重要驱动力。

海尔智家在数字化变革的进程中，颠覆了传统实体企业的经营和发展模式。海尔智家聚焦京东平台，以家电家装一站式购物会场为主阵地，借助云计算和大数据技术实现营销广告的精准投放，引发了众多用户围绕家装话题展开激烈讨论，带动了海尔智家套购订单量的大幅增长。用户在海尔智家下单后，海尔智家依托数据共享，自动规划安排距离用户最近的门店或仓库送货，使用户在最短的时间内收到产品。

送货和安装完毕并不是海尔智家服务的终结。用户可以通过数字化平台反馈意见、申请售后、分享产品体验。海尔智家将产品、服务点和用户连接起来，为用户提供全方位、个性化的便捷服务。围绕用户开展的数字化转型极大地优化了海尔智家的销售流程，提升了海尔智家的服务水平和效率。

此外，海尔智家还专注于运用数字技术提高智能制造、采购、物流等环节的质量和效率。借助数字化研发平台，海尔智家新品设计周期大幅缩短，实现了降本增效。

家电类企业的数字化转型推动了家电行业商业模式的价值重塑，为家电行业迎接数字化转型提供了新动力。

1.2.3　社区电商与社交电商迅猛发展

围绕需求端变革的社区电商、社交电商等新模式迅猛发展，电商平台逐渐由数字化向智能化转变，电商规模和效率不断提升。伴随电商模式与数字经济的相互交融，电商成为引领数字化时代经济发展的新力量。

在居民消费需求持续升级，电商模式和数字经济不断发展的情况下，社区电商以便捷、快速等优势在国内迅速发展。数字化浪潮推动线上线下融合，社区电商的运营模式变得更加多样化。例如，以永辉超市、多点 Dmall 等为代表的社区代购电商模式，以十荟团、多多买菜等为代表的"社群+团长"的社区团购电商模式，以美团优选、兴盛优选、淘菜菜等为代表的"社区+店长"的社区直购电商模式。

随着数字经济的不断发展和进步，以社交电商为代表的零售新模式迎来了广阔的发展空间，以小红书、万物心选、得物等为代表的社交电商平台深受年轻用户群体的喜爱。

以社区电商淘菜菜为例。为了推动数字经济的发展，淘菜菜积极联合阿里数字农业，助力农业数字化转型和平台的数字化升级。淘菜菜依托数字平台，积极推动农产品从源头到销售地的仓储、保鲜、加工和冷链配送等环节的数字化建设。淘菜菜持续扩大直采比例，对农产品进行规模化采购、标准化供给，将全链路打通，努力提高农产品上行效率。

淘菜菜在一定程度上对农业产业链、供应链、价值链和利益链进行了重构，助力农业保供稳价、降损提效，促进农业经济和数字经济共同发展。以淘菜菜为代表的社区电商是数字化时代的新兴业态，它们都在数字化浪潮中蓬勃发展。

1.3 顺应数字化时代是大势所趋

如今，数据成为社会经济发展新的生产要素，数字技术成为数字经济发展新的动力引擎。数字化发展势不可当，合作、共生、协同成为企业顺应数字化时代发展的重要方向。

1.3.1 竞争战略→合作战略

在工业化时代，企业习惯用竞争逻辑进行相对优势的比较。而在数字化时代，企业供大于求，企业需要用数字思维去理解技术、用户、市场。企业战略思维需要从竞争向合作转变，以弥补自身在技术、业务等方面的不足。

此外，在新时代背景卜，数据安全问题具有鲜明的时代烙印，传统安全问题与非传统安全问题交织。网络攻击、数字化不平等和数字权利的聚集是高发的数据安全问题。很多企业制定了相应的数据安全保障战略，但企业的安全保障水平参差不齐，风险预防技术水平和能力也存在较大差距。因此，企业应增强合作意识，通过加强合作来增强自身的数据安全保障能力，加强对商业机密、企业数据和用户数据的保护。

当前全球的数字合作呈现出三大趋势：一是数字化成为全球企业发展与合作的重要领域；二是数字化战略在基础设施、新兴科技等领域蕴藏着数字合作需求和发展机遇；三是数字化成为企业开展国际投资与贸易的新型角力场。

对数字化基础设施的投资，有利于企业开拓市场，拉动国内、国外贸易的增长。数字技能和数字化应用方面的合作与共享能够助力企业文化的发展，帮助企业积累更多的数字化发展经验。

随着数字经济的不断发展，数字鸿沟逐渐扩大，企业之间需要通过合作来跨越数字鸿沟，这促使众多企业达成了合作共识。数字合作的需求主要表现在数字治理、网络联通、数字能力建设和数字化应用等方面。加强数字化领域的合作，将为各行各业的经济与贸易发展提供新动力。企业应加强在合作方面的战略研究和部署，坚持以需求为导向、以能力建设为出发点的合作理念，积极与其他企业开展数字合作。

1.3.2 数字化时代需要共生型组织

数字化时代组织面临的挑战主要体现在组织的外部影响因素增多、组织持续发展的不确定性增强和组织的效率核心向协同转变。为了适应新时代的发展潮流，组织亟须转变形态，向共生型组织进化。

组织的发展经历了 4 个阶段，分别是科学管理阶段、以人为本阶段、战略竞争阶段和学习型组织阶段。随着时代的变化和发展，组织需要更加高效的形态，共生型组织正是组织发展的第 5 个阶段。

在共生型组织中，成员资源互通、互为主体、利益和价值共享，能够实现单个组织无法实现的高水平发展。共生型组织能够更好地应对数字化时代的挑战并快速成长，实现价值共创。

共生型组织具有以下几个特征。

（1）在共生型组织中，组织与外部的关系不是以"我"为主的主客体关系，而是互为主体，即双方都是相对独立的主体，并具备各自的主体需求。

（2）共生型组织注重整体，追求整体多利性，即追求双方能够通过合作获得更多利益。

（3）共生型组织灵活性较高，具备更好的组织柔性，协同性更强。

共生型组织摒弃了传统单线竞争的线性思维，改变了价值活动分离的机械形式，数字化时代需要这样的共生型组织的赋能。

1.3.3 协同效应助力企业价值最大化

信息化和网络化的发展促进了协同效应的发展，使企业内部各部门及人机的互联互通成为可能，协同效应使企业组织之间实现了更好的连接和互通，帮助企业打通了数据和业务壁垒。

协同效应促进了企业的内部协调和协作。在协调阶段，协同效应在一定程度上消除了企业内部的信息孤岛，实现了组织之间的信息共享。同时，数据上的无缝连接解决了很多企业在生产方面的问题，使企业能够生产出更加优质的产品，实现产品的标准化生产。在协作阶段，协同效应加强了企业与企业之间、企业内部各组织之间的紧密协作。协同效应不仅使企业内部信息保持一致，还使企业保持一致的运营步调。协作不仅在一定程度上解决了产品的个性化问题，还使企业内部的目标更加一致，资源更加互补，取得 1+1＞2 的效果。

以智能移动办公平台钉钉为例，钉钉是数字化时代企业组织之间协同办公的关键应用平台，钉钉的在线协同办公模式正是协同效应的应用呈现。在钉钉最新版本 7.0 中，其新的群聊功能突破了原有的仅在企业内部开展的限制，支持产业链上下游的所有企业都可以共同在一个群里开展工作，这也是企业业务流在群聊中的进一步穿透。同时，钉钉的低代码功能可以在跨企业的群聊中，基于各企业的业务场景，实现跨企业的数据集成与共享，利用数字技术实时支撑企业的运营和管理。

无论在哪个领域，数字化时代的协同效应都将帮助企业创造更多价值，助力企业顺利地进行数字化转型升级，在数字化时代创造佳绩。

第 **2** 章

转型筹备：描绘数字化路线图

数字化转型需要企业精心规划和筹备，只有明确自己的目标，描绘正确的数字化路线图，企业才能更好地进行数字化转型。下面将从分析数字化转型失败的具体原因入手，引导企业采用正确的方式开启数字化转型之路，并通过分析一些数字化转型成功的案例，帮助企业更好地理解并规划数字化转型。

2.1 为什么数字化转型会失败

数字化转型是大势所趋，然而数字化转型道阻且长，只有少数企业能够获得成功。很多企业对数字化转型的认知不全面，缺乏数字化专业人才，仅一味地效仿其他企业，导致转型过程曲折，最终失败。

2.1.1 把数字化转型成本想得过高

很多企业将数字化转型的成本预估得过高，迟迟不敢开展数字化转型。在转型成本方面，企业领导者主要考虑以下 3 个方面。

1. 人力成本

一些企业领导者认为，开发数字化应用需要聘请技能、经验丰富的程序员或者实力雄厚的 IT 团队，人力成本过高且开发周期长。

2. 实施成本

一些企业领导者认为，数字化转型需要购买成型软件，而传统成型软件价格高昂，且维护成本也相对较高，企业无法承担。

3. 外包定制成本

一些企业领导者认为，数字化转型需要进行软件的外包定制，外包定制需要耗费大量的资金，且定制的结果可能无法达到企业预期，导致资金白白损失。

一些企业领导者之所以认为数字化转型的成本过高，是因为他们没有找到降本增效的方式。现阶段，低成本、易操作、自主定制的低代码平台已逐渐走入数字化转型企业的视野中，成为众多企业在数字化转型过程中降本增效的首选。

低代码平台不需要或者只需少量编写代码，便可快速搭建数字系统。低代码平台能够让普通员工轻松地上手搭建数字系统，简化了数字系统搭建的流程，缩短了企业搭建数字系统的时间，降低了企业搭建数字系统的门槛。

在降低数字系统搭建成本方面，低代码平台主要有以下 3 个优点。

1. 人人皆可搭建

低代码平台是供开发人员和业务人员使用的便捷式生产型平台。即使是没有经验的应届毕业生，也能够通过低代码平台在半个月的时间内完成图形化、模块化、组件化的数字系统的搭建。利用低代码平台搭建数字系统，企业只需要定期更新、维护平台功能即可，这大大节约了企业自主研发的费用和成本，也给企业留出了更多的时间和精力去开发更先进的软件和应用，从而加快软件更新迭代的速度。

2. 拖拽式操作

市面上的一些低代码平台基本已经实现了拖拽式操作。低代码平台内置 3D

组件库，程序员可以直接通过拖拽的方式搭建数字系统的可视化界面，进而缩短数字系统的搭建周期，提升数字系统的搭建效率。

3. 多业务系统搭建

低代码平台实现了同一应用程序中多业务系统的构建，能够切中企业业务痛点，让 IT 团队、业务团队等协作共建数字应用程序，满足更多的业务需求。低代码平台通过数据共享，打破了数据孤岛，提升了企业与数字系统的契合度，使企业内部实现高效协同。

数字化转型的成本没有部分企业领导者想象中的那么高，因此，成本不应该成为阻碍企业数字化转型的因素。只要企业找到了数字化转型的正确路径，就能够在节约成本的基础上快捷、轻松地完成数字软件和应用的开发，顺利进行数字化转型。

2.1.2　把数字化转型"扔"给 IT 部门

把数字化转型任务完全交给 IT 部门的固有思维也是企业数字化转型失败的原因之一。数字化转型需要企业各个部门统一思想、统一战线，需要各部门在利益方面达成共识。数字化转型是在各部门协同配合的基础上进行的，因此，数字化转型只靠 IT 部门是无法顺利推进的。

无论是传统会计系统还是人事系统的数字化改造，很多企业会将注意力全部放在 IT 部门上，对一些相互孤立的技术进行高额的投资，最后导致数字化转型失败，同时给企业造成了巨大的损失。数字化转型旨在利用新兴数字技术，如大数据、人工智能、区块链、云计算和物联网等，使企业开拓新的价值，构建新的价值领域。企业数字化转型的目的一般是打造新的产品和服务，开发新的商业模式，以及拓展更多收入来源。因此，企业的数字化转型实质上是技术与商业模式的融合发展，最终结果是商业模式的变革。

很多企业对数字化转型缺乏足够的认识，对数字化转型缺乏正确的战略思考，完全依靠 IT 部门开展数字化转型工作。这导致其他关联部门没有数字化转型的意识，对数字化转型任务不参与、不配合，数字化转型任务难以在企业内部推进。

总之，企业应树立正确的思想，制定正确的数字化转型战略，在内部培养正确的数字化转型意识，推动各个部门贯彻执行数字化转型方案，发挥群策群力的作用。

2.1.3　缺乏专业的数字化人才

数字化转型进行得如火如荼，人才市场中出现了很多新职业，如工业互联网工程技术员、虚拟现实工程技术员、智能制造工程技术员及工业视觉系统运维员等。企业传统的 IT 人才体系已经无法满足数字化转型的具体需求，各行各业需要专业的数字化人才，而这也是很多企业面临的数字化转型的瓶颈。

很多企业采用"外部引入+内部调动"的方式，组建复合型的数字化转型职能团队，不断推进复合型数字化人才培养。随着数字化转型的不断推进，企业的人才需求结构逐渐发生变化，不仅技术部门需要专业的数字化人才，财务、行政等部门对数字化人才也有一定的需求。由于数字化转型专业人才十分稀缺，很多企业都无法招聘到高素质的数字化人才，导致数字化转型举步维艰。

数字化转型的不同阶段对人才的需求也是不同的。数字化转型不仅是技术的迭代和升级，也是整体人才需求的结构性转变。例如，在数字化转型初期，企业只需要具备制作并推出产品的能力即可；而到了数字化转型中期，企业对前端、云端和交互等方面的人才需求更多；再到数字化转型中后期，企业对交互、运营等类型的人才的需求更加迫切。然而，当下高校的数字化教育体系还不够健全，课程设置、师资配备尚不能满足时代对数字化人才的需求。这些人才与数字化时代的人才需求并不能充分匹配，这导致数字化人才在供给上明显不足，人才断层的情况越来越明显。

面对数字化人才紧缺的问题，企业亟须树立人才危机意识。企业可以联合高校或第三方机构开展数字化人才培训，打造多元化数字化人才培养模式，储备数字化专业人才。企业可以构建集人才培养、人才输送等为一体的人才培养体系，完善对数字化人才的培养，推动企业数字化应用的加快落地。

2.1.4　拒绝创新，只会模仿其他企业

世界上不存在两片完全相同的叶子，企业也是一样。在数字化转型的过程中，不同企业面临不同的转型难题，如果企业之间相互效仿，那么很难找到真正适合自己的数字化转型模式，很可能导致数字化转型失败。

很多中小企业喜欢效仿大企业的转型模式，但这往往是行不通的。因为中小企业与大企业的客户群体和发展情况不同，生搬硬套大企业的模式可能给中小企业带来致命的伤害。

现阶段，有些企业采用的仍然是传统的生产模式，依靠经验进行企业管理。从工业发展角度来看，这些企业仍然处于工业 2.0 阶段，如果借鉴工业 4.0 阶段企业数字化转型的经验，相当于揠苗助长，不仅耗费人力、物力，还可能加速企业的衰落。

不同发展阶段的企业，数字化转型的路径不一样，需要的资源也不一样。从硬件到软件，从设备到人才，不同企业对资源的需求存在着明显的差异。

模仿其他企业的转型路径往往是徒劳的。例如，A 企业搭建了一条智能生产线，B 企业只看到了 A 企业搭建智能生产线后生产效率的大幅提升，而不考虑自身的实际需要就开始盲目效仿，最后导致产品大量积压、库存成本上升，企业的发展受到阻碍。

同时，想要依赖于单一的智能设备解决企业转型的架构问题也是不切实际的。在进行数字化转型时，企业需要根据自身的实际情况采用正确的方式，制定合适的转型战略。企业可以根据自身业务的盈利点制定转型战略，所有变革的最终目的都是盈利，在尚不确定盈利点时开始进行数字化转型无异于舍本逐末。

企业要审视自身的问题和情况，不必为了数字化而强行数字化。大型企业的数字化转型主要考虑的是自身需求和产业链上下游的统筹，中小型企业不必效仿

大型企业对数字化转型的大力投入，可以将注意力放在供应链的协同分工上，借助形势倒逼数字化转型，进而完善转型各环节的数字化保障。

2.2 企业如何开启数字化之路

企业要想开启数字化之路，必须建立正确的思维方式，认清数字化转型的本质，掌握科学、合理的数字化转型方法。数字化转型道阻且长，企业应该具备恒心和毅力，在不断的尝试中找出数字化转型的最优路径，坚定企业数字化转型的方向。

2.2.1　你真的了解数字化转型的本质吗

数字化转型是当今时代的热门话题，受到很多企业的重视。但是，一些企业其实并不了解数字化转型的本质。数字化转型的本质可总结为3点，如图2-1所示。

图 2-1　数字化转型的本质

1. 连接

数字化时代的世界是由网络世界和现实世界交织组成的。数字技术将现实世界事物之间的联系用数据记录下来，构建了一个虚拟、抽象的世界。而现实世界中的人、事、物有着不同的特征，存在千丝万缕的联系。这个庞大的关系网需要通过数据来连接，数据实现了人与人、物与物、人与物之间的广泛连接。

2. 驱动

数字化时代，在数字技术的影响下，数据的价值和特性逐渐发生了变化，数据从作为业务流程的信息输入和输出，转变为驱动企业管理和经营的关键要素。在数字化转型的过程中，企业通过挖掘、分析、收集、融合和加工等形式寻找并总结业务中存在的问题，进而做出更加科学、合理的决策。

数据是真实的、客观的，能够帮助企业化繁为简，通过复杂的业务流程看到业务本质，企业才能更好地优化生产经营决策。例如，企业运用各类运营数据实现精细管理；利用产品数据、销售数据和客户数据等实现精准营销；利用产品数据、客户需求数据、订单数据等制订合理的生产规划。

3. 重塑

数据重塑企业的思维方式和商业模式，给企业带来翻天覆地的变化。例如，在制造行业，企业通过对物联网、内部应用系统、外部电商平台和产业链数据进行打通和融合，探索其在智能工厂、产业链全面协同、制造服务化、个性化定制等方面的应用，进而创新业务；在金融行业，企业通过各种维度的数据采集、数据加工和应用，实现了内部管理、实时征信、客户预测、风险审计、精准推荐等诸多应用的落地。

数字化转型的本质是数据的连接、驱动和重塑。企业要建立数据思维，需要从数据中挖掘价值、洞察规律，优化经营管理，重塑商业模式。

2.2.2　数字化时代，企业要突破三大难关

数字化浪潮浩浩荡荡，企业加入其中很容易，但是想要从中突出重围不是一件容易的事。数字化转型的道路充满曲折和挑战，企业要做好充分的准备，采取积极的态度正面应对。企业在进行数字化转型时需要突破三大难关，如图2-2所示。

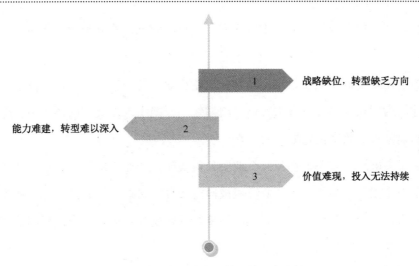

图 2-2　企业数字化转型的三大难关

1. 战略缺位，转型缺乏方向

面对复杂多变的商业环境，部分企业找不到正确的商业模式和竞争的着眼点。如果没有明确的商业愿景和清晰的战略规划，企业就难以明确数字化转型的方向，数字化战略部署具有一定的盲目性，从而出现战略缺位。

战略缺位不仅体现在企业业务方向缺失上，还体现在业务掌控力缺失上。部分企业的数字化转型与业务发展完全是两个层面，业务发展无法给数字化转型部署提供有效指导，数字化转型也难以赋能核心业务的发展。

要想突破这一难关，企业需要坚持战略为先，紧握业务。首先，企业要明确自身的竞争优势，明确数字化转型之路，重新定义未来的商业模式。其次，企业要基于业务构想制定数字化转型战略，动态跟踪全局业务线和各职能部门的数字化转型进程。

2. 能力难建，转型难以深入

相较于具备信息化能力，企业进行数字化转型更需要能够支撑企业高效运营、持续创新和敏捷应对的数字化能力。一般来说，企业原有的管理制度较为传统，商业结构老旧，数字化转型没有坚固的根基。而在原有基础上改进管理制度、商业结构，往往与企业经营模式难以兼容，导致企业难以建立起数字化转型的稳固架构。

数字化转型需要具备数字化理念、技能和业务能力的人才提供支撑，而这样的人才极为短缺且培养难度大、培养周期长。在缺少人才支撑的情况下，企业不具备构建强大的数字化转型实力。

要想突破这一难关，首先，企业要云筑底座，加速创新。上云是企业在数字化转型中迫在眉睫的任务，企业应积极构建云数据基础，使上云不再只是畅想。

其次，企业要重构数据。企业应该将数据转变为差异化资产，仔细梳理数据资产，建立有效的数据治理机制。

最后，企业应善于借助咨询顾问的力量。在进行数字化转型时，企业应积极引入有能力、有经验的数字化专业人才来帮助企业完成转型。企业可以聘用一些关键技术人才作为项目骨干，特别是了解业务流程和商业模式的专业咨询顾问。各部门真实需求是数字化转型的抓手。在数字化转型后期，企业可以根据咨询顾问的能力和企业实际发展需要考量是否需要再引进人才。这样既可以使咨询顾问在项目中保持中立性，也能够使企业收获优秀人才。

3. 价值难现，投入无法持续

数字化转型是涉及跨职能、全业务的系统性、全面性的改革工程。因此，短期内的投入可能无法触及企业经营核心，难以释放明显的价值。企业需要全面、深入地部署系统，先解锁数字价值，再最大化地释放数字价值。

数字化转型的系统性在一定程度上拉长了数字化投资价值释放的周期。部分企业急于求成，仍采用传统的绩效指标评判数字化转型成效，而没有具有针对性的价值评估体系，这导致企业难以对数字化转型价值做出准确的评估，进而导致企业对数字化转型失去信心，投资持续性变弱，并形成恶性循环。

要想突破这一难关，企业应根据不同业务的特性，制订阶段性的价值评估体系，实现从战略、执行到评估的闭环管控。同时，企业要兼顾多重愿景，将利益相关者的实际收益纳入数字化转型价值评估体系，从而在数据治理、社会责任等方面打造多方位的可持续优势。

虽然数字化转型的过程中困难重重、道路曲折，但企业要相信其前途是光明的。企业应制定正确的经营战略，脚踏实地地提高自身的数字化能力，以量变的积累促成质变。

2.2.3　从传统企业升级到数字化企业

在数字化时代，传统企业面临着前所未有的挑战，同时也拥有诸多发展机遇。传统企业应积极应对挑战，及时把握机遇。下面以陕西建工控股集团有限公司（以下简称"陕建"）为例，论述其从传统企业升级为数字化企业的成功之道，如图 2-3 所示。

图 2-3　陕建数字化转型的成功之道

1.　"三步走"

"三步走"是陕建由点到线，再到面的数字化转型路径。第一步，陕建致力于实现人、财、物、料等生产要素的数字化描绘、存储、共享和应用，并实现单一要素的系统化。第二步，陕建在实现生产要素数字化的基础上实现企业、项目一体化，通过数字技术，横向融合业务数据，纵向打破组织边界，进而实现企业、项目、数据的一体化。第三步，陕建致力于搭建产业互联网，向外拓展数字化能力，为上下游产业链提供强大的技术支撑。

2.　"三层塔"

"三层塔"是陕建在实际操作层面搭建数字化架构。第一层，陕建加快建设云平台，为企业的数字化转型奠定基础。陕建搭建了企业私有云，推动私有云向混合云模式转变，并与公有云之间建立无缝连接。第二层，陕建围绕主数据平台搭建数字底座，在主数据平台上采集核心数据，并借助 IT 系统记录交易数据，再通过数据中台加快完善数据治理体系。第三层，陕建针对不同业务的特点搭建双模 IT 发展模式，以提升业务的敏捷性和创新的高效性。

陕建瞄准数据这一新型生产要素，致力于打通数据孤岛，实现企业数据的上下联动、全面覆盖。陕建将数字化嵌入企业业务中，以业务的标准化、流程化为突破点，取得了显著的数字化转型成效。"三步走""三层塔"是陕建数字化转型的重要发展路径，陕建成功实现了从传统企业向数字化企业的升级。

2.2.4　勇于试错，找到最佳方案

数字化转型之路不是一帆风顺的，企业应不断尝试、勇于试错，明确数字化转型的方向，找到更加科学、合理的转型战略。

开放包容的环境能够为企业的数字化转型提供土壤，很多企业失败的原因就是对试错的包容度较低、承受失败的能力较弱。在接受新事物的过程中，必然会面临诸多挑战，能接受一些不确定性是促使企业真正发生改变的关键。

科锐国际和海德思哲联合发布的《从蓝图到伟业：中国企业数字化转型的思考与行动》调查报告显示：在数字化转型企业中，约有 44% 的领导层能够承担并容忍较高的转型试错成本；约有 36% 的领导层能够容忍一定的试错成本（这部分领导层希望在 12 个月至 18 个月内看到转型成果）；要求尽量减少试错成本的领导层占 20%（这部分领导层希望在一年内看到转型成果）。调查结果表明，多数企业对数字化转型已经具备较高的容忍度，数字化转型企业的领导层更加看重长期的战略结果。

企业对试错的容忍度较高，并不等同于企业不需要清晰的战略目标，实际上，数字化转型成功的企业往往既具备清晰的战略目标，又能够正确看待试错成本。当然，试错是有意义的，试错的过程是企业不断积累经验、纠正方向的过程。只

会追究项目成员责任的企业无法在试错中获取真正的价值。

　　企业在数字化转型的道路上需要不断试错，直至找到最佳解决方案。数字化转型进程随着数字技术的进步而不断深入，企业需要利用数字技术打造正确的业务战略和发展模式，实现企业持续性、螺旋上升式发展。

2.3　盘点成功的数字化转型实践案例

　　在数字化浪潮中，企业应如何排除万难，成功实现转型？本节将盘点一些成功的数字化转型实践案例，为众多传统企业的数字化转型提供借鉴与参考。

2.3.1　西贝莜面村：实施供应链转型计划

　　西贝莜面村是中国知名餐饮品牌，主营中式西北菜。2022 年，西贝莜面村荣获"世界 5A 品牌"称号，入选"2022 中国西北菜高质量发展创新之冠"。

　　西贝莜面村成立 30 余年，拥有近 400 家门店。西贝莜面村发展势头强劲，而这与其拥有高效率、高标准的供应链密不可分。

　　动荡的市场环境和数字化的强烈冲击，使西贝莜面村门店的营业额大幅下降。面对这样的情形，西贝莜面村逐渐意识到建立数字化供应链的重要性，着手利用数字化将需求端和供给端有效地连接起来。

　　首先，西贝莜面村在供给端发力，搭建技术供给站，实现供应链的数字化。在供应链中上游，西贝莜面村与银行信用卡中心展开合作，将西贝食材作为银行的业务回馈礼赠，并在礼盒上标注西贝莜面村的品牌 Logo，进而挖掘潜在客户，减轻库存压力。在供应链中下游，西贝莜面村利用员工触达线上的海量客户，建立线上会员社群，搭建线上私域流量池，深入挖掘客户价值。同时，西贝莜面村利用技术应用插件，打造了线上商城和微信外卖小程序，并连接到门店员工的资料页中，方便客户找到购买入口，轻松实现线上预订。

其次，西贝莜面村也在需求端发力，致力于将菜品通过线上途径直接触达 B 端和 C 端客户。西贝莜面村积极开展线上外卖业务，约有 2/3 的门店参与其中，外卖营收对西贝莜面村的整体营收做出了巨大贡献。为了满足 C 端客户的生活需求，粮食、蔬菜、半成品菜等诸多食材均实现线上销售。此外，西贝莜面村搭建了信息服务平台，并利用数字技术建设线上食客平台，实现门店员工与客户的线上一对一交流。借助数字化平台，门店可以向客户分享产品信息和活动，为客户提供咨询和订购服务。

供应链的数字化转型使西贝莜面村重新焕发了活力与生机，助力西贝莜面村在激烈的市场竞争中突出重围，成为广受大众欢迎的餐饮品牌。

2.3.2　耐克：坚持走精益转型之路

耐克以数字化转型为桥梁，与用户建立深度连接。耐克积极探索数字化消费场景，从中获取更强劲的增长动力。

放眼整个运动市场，耐克可以称得上是数字化转型的行业引领者。2021 年，耐克投资约 13 亿元建立了耐克中国技术中心，在数据仓储、人工智能、电子支付和数字平台等方面不断创新升级数字技术，打造强大的数据能力。随着耐克中国技术中心的发展，耐克在 2022 年 7 月实现了以会员为中心、依托本土数字生态的自有数字平台的转型。

耐克在数字化转型的道路上不断前行。2022 年，耐克投资 1 亿美元搭建耐克全自动无人仓，建立了更智能、高效、可持续的供应链系统，满足客户对电商购物时效性的要求。

2022 年天猫"双十一"活动期间，耐克在天猫店铺会员互动、权益和福利等方面做出了全新的创新迭代，耐克利用 AR（增强现实）技术开发了会员虚拟人形象，涵盖约 23 万种虚拟形象自定义组合，使用户能够自由定义、打造自己的虚拟人形象。耐克还借助虚拟人进行直播，使用户能够全时段在直播间内与虚拟主播进行互动。

耐克在数字化转型之路上精益求精、不断创新，在产品、运营、销售和服务等方面具备更强的竞争力，由此获得更大的发展动力。

2.3.3　中国石化：引入具备强大功能的易派客

数字化转型是能源化工行业实现高质量发展的关键途径。近年来，中国石化大力发展数字化新模式，不断推动数字化转型。其中，数字化平台的建设为中国石化的数字化转型提供了有力支撑。

在数字化转型的过程中，中国石化将易派客投入商业运营并向社会开放。中国石化以易派客工业采购平台为依托，为企业提供采购、金融、销售等服务，帮助企业解决采购队伍专业性不强、供应商配合度低等问题，打造了"互联网+供应链"的工业电商新模式。

同时，易派客搭建了独具特色的平台服务体系，包括易保理、易支付、易专区等。易保理致力于为企业打通融资渠道，易支付致力于为企业提供支付担保，易专区致力于为企业提供采销方面的专业化服务。

易派客已经获得多项荣誉，成为中国石化数字化转型之路上的标杆。中国石化将持续推进大数据、人工智能、物联网等关键数字技术的创新应用，促使数字化转型工作高效开展。

第 ❸ 章

技术升级：掌握转型必备技术

企业的数字化转型需要掌握数字核心技术，只有了解并掌握数字化转型的必备技术，才能更好地优化生产运营、创造更多的业务价值。技术升级是企业在数字化转型之路的必修课。

3.1 核心技术一：人工智能（AI）

近年来，AI 广泛应用于制造、医疗、服务等领域，成为社会生产、生活领域的重要参与者。数字化时代的发展离不开人工智能的赋能，企业的数字化转型需要人工智能的助力。

3.1.1 AI 的三个发展阶段

随着 AI 的广泛应用，人们对这一门技术已逐渐从陌生走向了熟悉，人工智能的价值逐渐显现出来。人工智能的发展是一个跌宕起伏、螺旋上升的过程，其共有 3 个发展阶段，如图 3-1 所示。

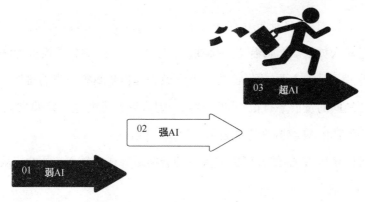

图 3-1　人工智能的 3 个发展阶段

1. 弱 AI

弱 AI 只能进行某一项特定的工作，其也被称为应用型 AI。弱 AI 没有自主意识，也不具备逻辑推理能力，只能够根据预设好的程序完成任务。例如，苹果公司研发的 Siri 就是弱 AI 的代表，其只能通过预设程序完成有限的操作，并不具备自我意识。

2. 强 AI

从理论上来说，强 AI 具备以下几种能力。第一种是独立思考能力，强 AI 能够对预设程序之外的突发问题独立思考，并及时解决或提供解决方案。第二种是学习能力，强 AI 能够通过自主学习智能进化。第三种是判断能力，强 AI 能够自主对事物做出较为科学、合理的判断。第四种是逻辑思考和交流能力，强 AI 能够自主与人类进行沟通、交流和互动。

3. 超 AI

超 AI 在很多方面的表现都优于强 AI。超 AI 具有强大的复合能力，在运动、语言、知觉、社交及创造力方面都会有出色的表现。超 AI 是在人类智慧的基础上进行升级进化的超级智能，相比于强 AI，超 AI 不仅拥有自主意识和强大的逻辑思考的能力，还能在学习中不断提升智能水平，使 AI 算法越来越趋向于精密、高深的人类大脑。

不过，我国对 AI 的研究现在还处于弱 AI 向强 AI 的过渡阶段。而在强 AI 的研究中，科研人员依旧面临着诸多挑战，一方面，强 AI 的智慧模拟无法达到人类大脑的精密性；另一方面，强 AI 的自主意识研究也是亟须攻克的难题。虽然从弱 AI 向超 AI 之间的发展还有很长的路要走，但可以预见的是，AI 将向云端 AI、情感 AI 和深度学习 AI 这几个方面发展。

（1）云计算和 AI 的结合可以将大量的智能运算成本转入云平台，从而有效降低平台的运算成本。

（2）情感 AI 可以通过对人类表情、语气和情感变化进行模拟，更好地对人类的情感进行认识、理解和引导。

（3）深度学习是 AI 发展的重要趋势，具有深度学习能力的 AI 能够通过学习实现自我提升。

数字化时代，AI 的发展拥有着广阔的前景。随着科技的不断创新和进步，AI 将对生产、生活产生更大的影响，为企业和社会创造更丰富的价值。

3.1.2 数字化时代，AI 如何赋能企业

随着数字化时代的发展，越来越多的企业开始利用 AI 为企业创造价值。特别是在制造、金融、教育、医疗、物流和安防等领域，AI 扮演着尤为关键的角色。

以制造业为例，AI 帮助传统制造业建设智能工厂。在原料处理阶段，工厂利用 AI 计算机视觉的智能监测对原料进行最优组织管理。在执行生产阶段，工厂依托融合 AI 技术的 AIot 传感器网络，实时监测、控制生产设备并生成生产参数。在工厂管理阶段，工厂通过 AI 终端实现生产过程的数据可视化，全面追溯生产流程，精准调配管理人员。

AI 应用于皮革制造业，AI 使皮革在进行切割时更节省原料。皮革制造业利用 AI 创建了自动排版切割车间，该车间采用智能算法对动物皮张进行科学、合理的规划，显著降低了皮革原料的损耗率。同时，皮革制造业利用 AI 搭建了自动真皮伤残检测系统，强化了检测密度，提高了检测安全系数，其检测速度也远远超

过人工检测的速度。AI改变了皮革制造业人工切割与检测面料的方式，减少了人工操作的误差，在一定程度上弥补了行业生产缺陷。

　　AI应用于印刷业。印刷业将AI融入仓库和生产设备的管理，建立了印刷云服务平台、印刷工业机器人，对印刷生产技术进行了全面升级。AI促使传统印刷生产的集中式管理向分散式管理升级，极大地提升了印刷生产效率，增强了印刷管理模式的可控性，降低了印刷生产过程中各环节的资源损耗。

　　此外，AI能够实时监测印刷设备的工作进程，帮助印刷工人寻找空闲印刷机，提升工厂运作效率。AI能够持续监控设备状态，及时发现设备问题，促使印刷企业及时对印刷设备进行维护和保养，以避免机器突然出现故障而停止运作，影响印刷生产效率。

　　AI与传统制造业相结合，推动了传统制造业无人化管理的实现，使传统制造业的生产技术更加智能，生产模式更加高效。

3.2　核心技术二：大数据

　　随着大数据应用领域的拓展，越来越多的数字化转型企业开始关注大数据。企业的数字化转型任务进程必然会产生大量数据，庞大的数据仅靠人力或主流工具很难进行有效利用，而大数据正是帮助企业在数字化转型的进程中发挥数据作用的关键技术。

3.2.1　思考：真的了解大数据吗

　　大数据是一种数据集合，具有规模庞大、快速流转、类型多样、应用价值高等特征。其可以实现对海量来源分散的数据的采集、存储和分析，使企业通过整合丰富的数据资源实现智能决策，进而提升企业数字化能力，为企业创造新价值。对大数据概念的理解可大致分为以下3个层面，如图3-2所示。

图3-2　关于大数据3个层面的理解

了解理论是对概念产生认知的基础，也是一个概念被广泛传播和认同的前提。从理论上来讲，大数据是当数据资料量的规模巨大到人脑或主流工具无法处理时，通过自主算法自动在有效时间内完成对数据的整理和管理，并通过算法分析总结数据结论的一门先进数字技术。

技术能够更准确地体现大数据的价值所在，是大数据发展的基石。大数据主要依托的技术有分布式处理技术、云计算技术、存储技术及感知技术。这些技术能够帮助大数据实现获取、分析处理、存储、产生结果等功能。

实践是大数据最终的落脚点，也是大数据的价值体现。当前，不仅企业能够应用大数据进行市场分析，实现精准营销与精准获客，很多个体也会运用大数据赋能自己的工作、生活，实现大数据技术在更多场景中的应用。

大数据是值得企业深入了解的一门关键数字技术，应用大数据技术的关键之处不是对海量数据进行收集，而是收集数据之后对这些数据进行分析、处理和应用。

3.2.2　如何借助大数据建立数字化优势

大数据技术是一门高效的数据处理技术，能够为企业的数据工作提供强大助力。企业要把握好大数据的运用方式，发挥大数据的重要作用，借助大数据为企业建立数字化优势。

以全球知名网络电子商务企业亚马逊为例介绍大数据的优势。

首先，在货物分拣方面，负责上架的员工根据行走路线及货架空间随意摆放货物并将其扫描到大数据系统里面，系统清楚地记录了货架利用率，通过货架的多余空间结合产品的物理参数，自动向员工推荐可以快速上货的区域，有效提高了员工拣货的效率。

其次，在订单配送方面，亚马逊利用独家的"预测式发货"法做到了精准预测订单。"预测式发货"的实质是基于数据分析预测用户的想法。通过分析用户的历史订单、产品搜索记录、购物车清单及其在某件产品上停留的时间等数据，亚马逊做到了在用户还没有下单购物前，就将包裹调拨到离用户最近的运营中心。

在接收到用户订单后，亚马逊的先进物流系统会通过复杂的大数据模型计算出最快捷的配送站点选址区域。同时，亚马逊通过经纬度级别获取用户的收货地址，并根据快递员的配送效率等因素推荐合理的快递员数量及配送路线，实现精准配送。

亚马逊借助大数据为企业建立的数字化优势不仅以上方面，亚马逊还借助大数据帮助企业自动生成采购时间、采购数量等决策问题，并通过库存数据分析进行库存分配、调拨及逆向物流处理等。但是新业态的风起云涌也冲击着现有的商业模式，从国内抖音平台延伸到国外的 Tiktok 平台的那些直接从工厂到消费端的短视频直播带货平台，也冲击了亚马逊所构建的线上商业帝国。

随着数据的爆发式增长，人们获取数据的渠道也越来越多。通过挖掘、分析数据价值来总结过去、分析当下、预测未来，从而帮助企业在数字化转型道路上做出科学合理的决策，是大数据对企业来说的重要作用。

3.2.3　大数据应用场景汇总

大数据技术适用于诸多应用领域，已经渗透进生产、生活的各个方面，逐渐构建起了一个大数据生态领域。从交通、教育、医疗、零售这 4 个应用场景详解大数据的实际应用。

1. 大数据交通，出行更畅通

近年来，我国智慧交通的发展速度不断加快，大数据技术更是被运用到交通行业的众多场景中。大数据结合智能传感器，能够有效获取道路上车辆通行的密度，帮助交通管理部门进行合理的道路规划与安排。

2. 大数据教育，因材施教

大数据技术在教育行业中有许多应用场景，例如，探索教育开支与教学效果之间的关系，探索教师不同教学风格对于学生成绩的影响，探索不同教育政策下学习氛围的差异等，这些都能够通过大数据采集、分析功能得出结论。大数据还能够跟踪并评估学生的学习情况，运用大数据技术分析并找出适合学生的学习模式与方法，为教育教学工作的开展提供强大助力。

3. 大数据医疗，看病更高效

在医疗行业中，医生可以借助大数据平台，收集、整理和分析过往诊断病例与治疗方案，以及患者与病症的基本特征等，建立起针对不同病症的分类数据库。借助分类数据库，医生能够更快地诊断病情。

4. 大数据零售，打造新零售

零售企业正向着更加灵活、智能的数字化新零售转型，其中，大数据是零售企业数字化转型的关键。大数据能够打通线上线下渠道，打造新零售生态圈。新零售最关键的一个特点，就是线上线下渠道的畅通。大数据能够打通线上线下渠道，为消费者提供更加灵活多样的选择，进一步优化门店的会员体系，增强消费者的黏性，从而提高商品转化率与复购率。

除了交通、教育、医疗、零售这 4 个应用场景，大数据在其他行业领域也有着广泛的应用。未来，随着大数据技术的发展，它将起到越来越重要的作用，成为社会发展进步的重要推动力。

3.3 核心技术三：物联网

中国互联网协会发布的《中国互联网发展报告（2021）》显示，截至 2021 年，中国物联网应用规模已达到 1.7 万亿元。工信部发布的《物联网新型基础设施建设三年行动计划（2021—2023 年）》表明，到 2023 年年底，中国主要城市将初步建成新型物联网基础设施，稳固民生消费升级、产业数字化转型和社会现代化治理的基础。物联网日益成为推动数字化时代发展的关键技术。

3.3.1 伪命题：万物互联已经实现

在"互联网+"和数字技术的助力下，海量信息在全球范围内快速传播。人与人、物与物、人与物之间好似实现了更紧密的连接，万物互联成为当今的火爆概念。

但是，万物互联真的已经实现了吗？其实并没有，一切才刚刚开始。未来，所有事物都会通过物联网连接起来，包括电脑、手持的仪器、眼镜、衣服、鞋子、墙等，甚至一头牛都有可能被连接在物联网上。

如今，每个人平均有两个移动设备，而在未来，每个人将会拥有更多的移动设备，所有事物都可能通过这些移动设备连接起来。那时，任何数据都会被存储在处理速度非常快、容量非常大的云终端。

上述场景非常有吸引力，事实证明，互联网的确正以较快的速度向万物互联进化。在这种情况下，人与人之间的连接就会变得越来越紧密，连接方式也越来越多。虽然数字技术的发展已经为我们带来更加完善的服务和体验，但真正想要打破万物之间的壁垒还需要一定的时间。

3.3.2 物联网让资源在内部被共享

数字化时代的发展加快了资源共享模式的发展，而物联网就是实现资源共享的关键。物联网以共享模式降低了连接成本，优化了资源配置，能够在很大程度上满足人们对资源的高频需求。

在物联网发展早期，无线组网协议是基于应用联网的需求打造的，当一家企业基于协议研发智能产品时，需要自主搭建应用逻辑。由于企业间的应用逻辑不同，即使企业生产的智能产品采用相同的协议也难以兼容。这大大降低了用户的使用体验。

而去中心化的组网协议破解了不同品牌间产品不互联互通的难题，实现了物与物之间更广泛的互联互通。其中，ADC去中心组网协议就是一种针对物联网应用研发的无线自组网通信协议。该协议建立了标准化的应用逻辑，基于该协议的产品能够实现无缝兼容，大大降低了企业研发智能产品的门槛。ADC去中心组网协议具备以下3个特点。

（1）去中心化组网：中心化组网意味着流通、安装、调试等环节都会极度依赖于技术人员，同时，当中控故障时，整个系统也会随之瘫痪。去中心化组网不仅降低了对技术人员的依赖，也保障了系统的稳定性。

（2）超强的传输能力：在实用性上，ADC去中心组网协议能够实现更远距离的传输，最远能够达到500米。同时，其支持采用多个通信频段，在传输能力上更具优势。

（3）跨网隔离能力：ADC去中心组网协议具有跨网隔离功能，能够实现互不串扰。

去中心化组网作为物联网的典型网络模式，具备强大的技术优势。在去中心化组网协议的支持下，企业能够搭建起覆盖范围更广、连接智能设备更便捷的物联网，更加契合用户使用智能产品的需求。

3.3.3　物联网平台为企业数字化转型赋能

企业的数字化转型离不开物联网的赋能和助力，物联网能够提升企业业务数据的可视化，帮助企业更好地利用数据。智能物联网平台能够轻松实现企业内部各系统之间的连接，打破数据孤岛，更好地优化企业各层次的数字化转型业务。

当物联网融入了越来越多的实践场景，AIoT（智能物联网）就成为物联网下一步发展的必然趋势。以用友网络科技企业推出的 AIoT 平台为例。用友推出的 AIoT 智能物联网平台是一个能够连接上层业务系统与下层工业设备的中间系统，能够使二者之间实现互联，从而打破数据孤岛，实现企业各层级业务的加快整合。以下是用友 Alot 智能物联网平台在三个层面上的应用解析，如图 3-3 所示。

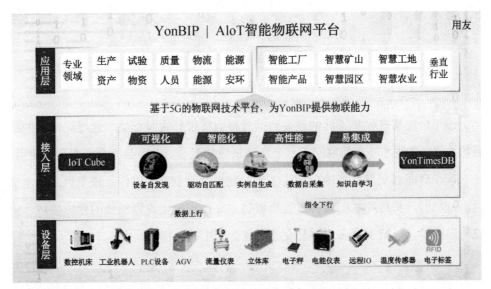

图 3-3　用友 AIoT 智能物联网平台应用解析

AIoT 作为一个能够持续迭代的系统，能够使企业底层数据实现持续性集成与融合。AIoT 平台能够助力企业打造松耦合的应用服务，使企业设备以及生产过程更加智能化、精益化。用友推出的 AIoT 智能物联网平台主要具有以下 3 个功能，如图 3-4 所示。

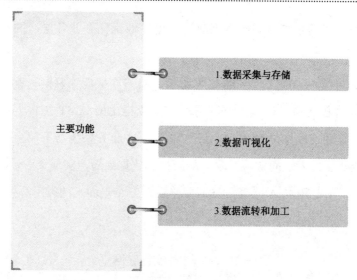

图 3-4　AIoT 智能物联网平台的 3 个主要功能

1. 数据采集与存储

该平台能够在收集不同的设备数据后将数据进行实时存储，通过许多不同的通信协议、总线才能在物联网平台上实现最终的汇总，以供业务系统查询或使用。

该平台能够实现数据的自动化采集，减少大量重复性工作。该平台通过定义"设备模型"，将待物联的设备进行模板化，并在模板中设置相应的通信接口、协议与参数等，以减少因多次重复设备创建而产生的工作量。

2. 数据可视化

该平台能够使数据得到可视化展示。通常情况下，在物联网应用的过程中，数据可视化程度对数据最终的应用效果有着极大影响。物联网的数据可视化，能够应用于过程画面的创建，通过与实时数据进行绑定，使数据组态化，从而提供各种各样的组态功能。

该平台中的可视化工具提供了如基础图形、图表类、多媒体视频等丰富的图元组件，通过拖拽方式就能够实现对现场监视画面的编辑。该平台还能够将图元组件与设备运行中的数据进行绑定或关联，赋予现场监视画面动态化呈现效果。

3. 数据流转和加工

该平台能够推动数据的流转和加工。以丰富的行业经验为前提，通过规则引擎的应用，该平台能够对各种原始数据进行配置与重构，使其生成独特的业务含义，而后将处理过的数据传输到指定服务中。该规则引擎通过内置组件搭建起处理规则，使用户能够按照其实际业务逻辑进行可配置编程，使数据能够在业务流程中自如流转。

用友 AIoT 平台是工业领域中数字模型与物理设备实现连接的纽带，通过知识沉淀、泛在连接、数据智能与可视化呈现，用友的 AIoT 平台积累起独特优势，在智能产品、智能工厂、智慧工地等泛工业领域实现了广泛应用。

3.4　核心技术四：云计算

云计算是分布式计算的一种，其通过网络云能够将庞大的数据处理程序分解为不同的小程序，再对这些小程序进行分析和处理，并提供结果反馈。云计算具有强大的应用程序托管能力，能够在企业数据不过多暴露的情况下，使企业更好地管理底层主机，控制网络连接和网络路由。云计算是企业数字化转型的重要驱动力。近期，微软云成为业界亮点，集合了赋能企业数字化和 ChatGPT 等先进 AI 技术的微软云的年营收突破千亿美元，与国内云厂商差距又拉大了，老企业焕发出了新活力。

3.4.1　思考：云计算究竟有什么优势

云计算具有较强的扩展性和敏捷性，能够帮助企业更好地保障数据安全，并节省企业的固定资本支出。云计算能够促进团队之间进行更好的协作，加快实现企业内部应用程序的全局部署。具体来说，云计算有以下 5 个优势，如图 3-5 所示。

图 3-5　云计算的 5 个优势

（1）服务性好。从某种意义上说，云计算是一种数字化服务，即使用户不清楚云计算的内部运行机制，也可以使用相应服务。

（2）可靠性强。云计算技术主要是通过冗余方式进行数据处理，具备数据多副本容错、计算节点同构可互换的功能，可以有效降低错误出现的概率。因此，应用云计算比本地计算机更能保证数据的可靠性。

（3）通用范围广。在存储和计算能力方面，云计算运用的范围较广。云计算技术不针对特定应用程序，可以在智能检测的同时支撑多个应用运行。

（4）价格低廉。云计算平台的构建费用远低于超级计算机的构建费用，其自动化集中式管理的模式也大大降低了管理成本。这不仅能提高资源利用率，也能够使系统总体性能达到更加理想的状态。

（5）个性化服务。从本质上来说，云计算采取的是按使用量付费的模式。云计算能够根据用户需要为其提供个性化服务，用户按照使用量付费，按需购买，享受不同的服务。

综上所述，云计算能够加速网络和算力的升级，以较低的成本为企业的数据处理提供个性化的高效服务，助力企业更快地实现数字化、智能化。

3.4.2　数字化时代，企业必须上云

现如今，越来越多的企业开始上云，上云是企业推进数字化转型的关键措施。上云意味着企业不再依赖机房和服务器，只需联网即可满足业务需求。数字化时代，企业为什么必须上云？

首先，不同的企业有不同的业务需求，有些企业必须将业务迁移到云平台，例如，需求波动大、对灵活性要求高的企业，拥有停机时间较少的高负荷系统的企业，需要处理大量敏感数据的企业等。

云计算可以让这些企业专注于发展品牌、增加销售额。这是因为云计算具有极高的可扩展性，云计算服务商除了为企业提供服务器空间，还为企业提供数百种支持工具。同时，不用支付闲置资源费用的现收现付模式能够帮助企业节约大量成本。现收现付意味着企业只需要为正在使用的资源和服务付费。企业可以按照自己的需求拓展或缩减业务，不用支付巨额的服务器维护费用。

其次，当企业将重要数据迁移到云平台时，云计算服务商的工作是全天监控和保护用户数据。尽管内部系统管理员更让企业放心，但他们不能做到全天监控数据安全。因此，依靠云计算服务商保证企业的数据安全会更有效。同时，企业上云能够更好地避免灾难带来的危害，在数据出现丢失或破损的情况下，企业可以通过备份恢复数据。

最后，云办公、远程办公等工作方式现已已经走入人们的视野。利用云计算，员工可以随时随地访问企业数据。而且系统会自动更新，即使该员工不在办公室，也可以访问与其他成员相同的已更新的系统。

基于以上趋势，企业在数字化时代需要通过上云推动企业办公与业务经营的数字化。上云对于企业加快推进数字化转型来说至关重要。

3.4.3　AWS 云平台如何为天天果园赋能

天天果园是以互联网技术为核心的水果服务供应商，随着数字化转型浪潮的

推进，天天果园面临着诸多挑战。

在天天果园经营初期，天天果园以 IDC（互联网数据中心）为基础构建后端系统，但随着业务的发展，这种模式的弊端日益显现。这个弊端主要体现在两个方面，一方面，IDC 的服务品质相对较低，导致企业系统很容易受到 DDOD（分布式拒绝服务攻击）的影响；另一方面，IDC 服务器机柜申请和采购的流程相对较长，以至于无法及时响应业务增长的需要。

基于对数据稳定性、安全性等方面的诸多考虑，天天果园决定搭建以 AWS 云平台为核心的后端系统。AWS 云平台所提供的服务是全方位的、具有弹性的。在数据处理能力上，AWS 云平台借助 Elastic Load（弹性荷载）、Auto Scaling（弹性伸缩）和 Amazon CloudWatch（云监控）等技术能够合理地分配系统负载，提升后端系统的稳定性。同时，AWS 云平台能够根据系统的处理需求和实际的访问量实时缩减或拓展 Amazon EC2（亚马逊弹性计算云）的数量。

在数据缓存方面，Amazon ElasticCache（弹性缓存）不仅能够轻松实现分布式内存数据的运行、部署和拓展，还能够自动检测并修补故障缓存节点，从而降低数据管理和系统维护的成本，为企业提供一个灵活、敏捷的数据处理平台以降低数据过载的风险。在存储方面，Amazon S3（数据元存储服务）能够为企业提供无限的储存空间，以避免数据存储容量不足的情况。

天天果园利用 AWS 云平台提高了其数据系统的安全性，大幅度增强了其数据的可用性。基于 AWS 云平台构建的后端系统在性能上远胜于天天果园的原后端系统，这也为天天果园的数字化转型提供了强大的技术赋能。

数字化转型全局规划

第 **4** 章

战略布局：构建数字化成长决策

企业在数字化转型的进程中需要构建数字化成长决策。企业应加强对战略和决策的专业认知，找出影响数字化成长决策的关键因素，避免决策过程中的风险，以科学、精准的决策推动企业的数字化成长。

4.1 数字化成长决策三大理论支持

制定出符合数字化转型之路的战略和决策是数字化转型企业想要快速成长的关键，企业要想制定出科学、合理的数字化转型决策，离不开专业理论的支持，本节将对三种企业决策代表理论进行论述，为企业提供决策制订的理论参考。

4.1.1 资源学派：拥有稀缺性的资源

资源学派是企业竞争理论的综合战略分析框架，其打破了传统经济学的垄断思想，认为企业资源的稀缺性和价值性是企业的主要收益来源。资源学派是竞争理论的战略集成，资源的重要性是资源学派理论的出发点。

企业的资源是企业的组织资本与人力资本的正式或非正式的资源。企业资源的价值在于其能够帮助企业增强抵御风险和开发新机遇的能力。同时，资源的稀缺性也是为企业创造更多价值和机遇的关键。如丰田汽车企业在成本控制上的技能，再如沃尔玛在库存控制和周转上的技能，这都为它们创造了更多的利润。为什么不同的企业拥有不同的资源？为什么成功企业的资源难以被替代？资源学派认为主要有以下 4 点原因。

（1）历史与路径的依赖性。有些资源的形成有其特定的时间、方式和路径。基于此，那些经历过特定时期并在当时抓住了资源机遇的企业更有可能拥有某种稀缺的资源。而那些虽然经历过特定时期却没有抓住当时的资源机遇的企业想要获取特定资源是极其困难的。例如，一个人在十年前用极低的价格在某个区域购买了一批房地产，如今通过出租这批房地产获得了大批的资金，这批房地产就是他在特定时期获得的资源。而在十年后的今天，有人要以同样低的价格获得这批资源几乎是不可能的。

（2）因果模糊性。有些企业不了解其他企业的成功原因，也不清楚其他企业的竞争优势和利润来源。因此，他们往往难以挖掘其他企业的资源。

（3）社会复杂性。提升企业竞争优势的资源有时可能是一些较为复杂的社会资源。如企业形象、企业管理层的人际关系、企业社会声誉和各种其他社会关系等。具有这种资源的企业在战略空间上的选择往往要比那些不具备这种资源的企业具备更广泛的空间。

（4）小决策的重要性。大决策是管理层做出的决策，小决策是企业员工做出的决策。大决策为企业创造的竞争优势较为明显，但企业更多的竞争优势需要依赖小决策。企业的很多资源都是在企业小决策中挖掘出来的。相较于大决策，小决策更难以被其他企业模仿。

资源学派认为资源是企业所拥有的资产的总和。企业要想获得佳绩，就需要发展出一套无可比拟的资源并将其带入到企业的竞争战略中。什么样的资源能够成为企业竞争战略？如何判定不同资源的价值？资源学派的代表人物蒙哥马利和柯林斯给出了以下 5 项资源评价的标准。

（1）不可模仿性。资源是否难以被竞争对手复制？

（2）持久性。资源是否能够维持长久的价值？

（3）占有性。资源所创造的价值是否为自己所拥有？

（4）替代性。资源是否难以被另一种更好的资源代替？

（5）竞争优势性。在与竞争对手的资源竞争中，自己的资源是否更有优势？

每个企业的资源都是不同的，资源上的差异在一定程度上导致企业在战略上存在差异。以上 5 项评价能够帮助企业更清晰地判断其企业资源的总体价值情况，为企业在制定竞争战略时提供科学的方向指引。

4.1.2 能力学派：能力与决策相结合

能力学派专注于企业竞争战略与行为理论分析。强调以企业在生产、经营过程中存在的特有能力为出发点，制定竞争与发展战略。

能力学派主要有两种观点，一种是以能力学派代表人物普拉哈拉德和哈默的观点为代表的核心能力观；另一种是以舒尔曼、伊万斯和斯多克的观点为代表的整体能力观。前者提到的核心能力往往蕴含在企业生产、经营中具有明显优势的技能和技术的结合体中；后者提到的整体能力主要蕴含在组织成员的集体知识、技能和员工之间相互交往的组织程序中。前者更强调企业价值链中的关键优势，后者更强调企业价值链中的整体优势。

能力学派认为，在复杂、动荡的市场环境中，企业能否取得成功，取决于企业应对市场环境变化和用户需求变化的能力。这种能力也是企业在竞争优势上的标志性能力。在能力学派看来，企业能否识别并培育出自己的核心能力是企业能否获得竞争优势的关键。而核心能力的培育并不仅仅依靠企业在研发方面的资金投入，还依靠企业的集体学习能力的培养、企业文化和价值观的传递、组织成员的沟通和交流能力的培养。

如果将一个企业比作一棵大树，树干就是企业的核心产品，树枝就是业务单元，树叶和果实就是产品，而起到支撑作用的树根就是企业的核心能力。能力学派认为，企业要想建立长期、稳固的领导地位，就需要在核心能力上参与竞争，并在竞争中取得胜利。在竞争的过程中，企业的 CEO 和企业的管理层，应该着手于企业竞争战略和行动方案的制定，在制定的过程中应该注意以下几点。

（1）以企业的核心能力为基础制定企业的战略目标；

（2）围绕企业的核心能力进行组织变革，并完善实现每个战略目标所需要的技能。

（3）监测并巩固竞争战略实施效果，并将实施效果与员工的报酬相结合。

（4）CEO 需要在竞争战略的制定和实施的过程中起领导作用，并带动企业一线管理人员积极参与。

相较于其他的学派，能力学派最大的特点就是注重从企业内部建立自己的竞争优势。能力学派从企业独有的知识和能力视角揭示企业的竞争优势，赋能企业制定出科学、合理的竞争战略决策。

4.1.3　结构学派：维持秩序的稳定

结构学派和其他学派的区别在于它提供了一种调和的可能。这一学派将组织和组织状态描绘为结构，同时，它认为战略是在不断转变的过程中逐渐形成的。结构学派强调事务存在两个方面，分别是状态和变迁。

结构学派将组织结构分为专业组织、政治组织、机械组织、个人组织、多部门组织、AD 组织和教会式组织等。其将组织的战略发展时期分为适应期、稳定期、斗争期、发展期和革命期等。

结构学派认为组织可以理解为某种稳定的结构，这种结构会因受偶然因素的影响而向另一种结构转变。同时，结构的转变也有一定的周期，企业往往会周期性地认识到战略转变的重要性。在不同时期采取不同的战略其实都是适应性的战略变化，企业战略的最终模式往往要依据具体的情形在特定的时间形成。结构学派强调秩序在战略形成时的重要性，认为企业战略管理的关键就是维持秩序稳定。

结构学派认为企业战略有以下几种概念，如正规计划、领导的远见、概念性的设计、系统的分析、共同竞争和学习的权术。不过，无论是哪种概念，都集中表现在集体社会化、企业领导的个人认识、企业对环境的反应。同时，每一种概念都有自己存在的时间和内容。

结构学派的适用前提涵盖了其他学派的适用前提，但每一个前提都有特定的适用背景。以下是结构学派的前提表现。

（1）很多时候组织都可以是某种相对稳定的结构，组织的特殊结构形式能够使其与特殊的内容相匹配，进而形成一种特殊的战略。

（2）组织的稳定结构会被一些偶然的转变而打破，进而向另一种结构衍变。

（3）组织的结构状态与组织的转变周期能够在相互交替之间形成一种特定的规律，主要表现在组织的生命周期上。

（4）战略管理的关键是维持组织秩序的稳定，企业会采取适应性的转变策略，并在不破坏组织结构的前提下进行战略管理。

（5）战略制定过程受个人、社会、环境等诸多因素的影响，因此，不同战略下的思想学派各代表了不同的战略结构。

（6）战略的制定会融入观念、计划、定位、模式和策略的形式，但都需要有特定情形的支持。

结构学派认为企业选择战略结构是一种复杂的平衡运动，企业战略需要根据环境和时机的变化而不断做出适应性的转变。

4.2 影响数字化成长决策的因素

企业的数字化成长决策是不断变化发展的，而影响其变化的主要因素有企业外部数据、企业内部数据、企业家精神等。相较于传统的经营与管理决策，企业的数字化成长决策往往是灵活多变的。

4.2.1 企业长期积累的内部数据

数字化时代，企业在经营的过程中离不开数据的支持，在制定决策时更离不开企业长期积累的大量内部数据的参考。以下是影响企业数字化决策的 4 项内部数据，如图 4-1 所示。

图 4-1 影响企业数字化决策的 4 项内部数据

1. 营销数据

营销数据分析常常运用于规避市场风险、挖掘市场机会、评估并诊断企业的营销效果。营销数据能够帮助企业了解哪个产品的销量最好，哪个销售渠道更有价值，哪种销售布局更加合理，未来企业要采取哪种销售策略。企业通过内部的营销数据能够帮助企业对营销活动做出更精准的分析，从而更有针对性地投放广告，获取更加精准的流量。营销数据分析能够帮助企业在激烈的市场竞争中发现业务新亮点，为企业创造更加广泛的收益。

2. 财务数据

财务数据是企业内部数据的重要组成部分，企业经营管理的效益性几乎都体现在企业的财务数据上。通过财务数据分析，企业可以更加清晰地了解企业每季度、每月的财务经费都用在了哪些地方，并对财务的支配做出更好的规划。同时，企业通过财务数据能够对经营利润进行更直观的核算、审查和分析，从而帮助企业做出更加合理的财务规划。

3. 人力资源数据

在企业内部的人力资源数据系统中有很多重要的数据，如企业的员工总数、企业的人员构成、部门的员工分布、企业的招聘和培训数量、员工的薪酬分配等。

人力资源数据分析能够帮助企业更好地了解企业各部门和员工的工作情况。同时，人力资源数据还能够为企业提供人才预警，如员工流动性大、员工出勤不正常、员工加班过多等，帮助企业及时从企业内部发现问题，及时改进企业的管理策略。

4. 业务数据

业务数据分析能够帮助企业及时发现企业的业务经营问题，洞察新的商机，为企业的业务增长提供合理的参考依据和业务建议。企业的业务数据能够清晰地展示企业的业务现状，帮助企业结合业务痛点制定业务发展决策。

内部数据是企业在经营过程中长期积累下来的，它是企业经营过程的记录和检验，也是企业的一种无形资产。内部数据不仅影响企业数字化决策的制订，还影响企业数字化决策的迭代和发展。

4.2.2 对海量外部数据的分析情况

企业不仅注重对内部数据的分析，也注重对外部数据的分析。外部数据是暴露在公共领域或者第三方领域的、与企业相关的信息数据。影响企业数字化决策的 3 项外部数据，如图 4-2 所示。

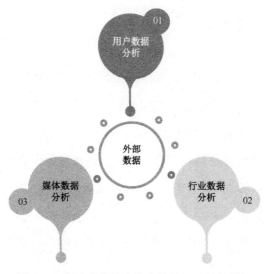

图 4-2　影响企业数字化决策的 3 项外部数据

1. 用户数据分析

企业经营战略的制定和业务流程的规划都需要以用户需求为导向。企业通过市场调研、用户运营数据等能够有效地收集用户需求，利用大数据、云计算等技术能够帮助企业更好地分析用户需求数据，了解用户的需求特征，进而根据用户需求数据改善产品的研发和服务，制定更加精准的营销决策。

2. 行业数据分析

通过对行业交易量、行业市场规模、行业分布范围及行业供需指数等数据的收集和分析，企业能够更好地了解行业发展态势和潜力等。行业数据分析能够为企业的发展方向和前景提供更加清晰的思路分析。

3. 媒体数据分析

媒体信息涵盖的范围较广，企业从媒体数据中能够挖掘到很多对企业决策有价值的数据，如时代变革、市场趋势、行业风向、用户焦点及企业评价等。企业可以根据社会热点找出与企业相关的信息点，从这些信息点中挖掘关键价值，以此作为企业决策的依据。同时，直接关系到行业、企业或者产品的信息更有利于企业了解外界对企业及其产品的评价，而这些评价都是企业改善其产品和服务的重要参考数据。

外部数据展现着时代、市场和用户的变化，是企业制定数字化决策的重要参考依据。外部数据蕴含着丰富的价值，企业的数字化决策往往会随着外部数据的变化而做出相应的改变。

4.2.3　企业家精神的重要作用

企业家精神是企业家的个人特质，在企业家精神不断向外扩散的过程中，企业家根据对企业内外部环境的分析，和其团队的通力合作，科学合理地做出适合企业发展的决策。企业家的个人能力和风险偏好对企业的数字化成长决策会产生影响。

应变性和先动性是企业家精神的精髓，企业家的应变性和先动性影响着企业决策的视野和高度。企业家具备应变性意味着企业家具备规避风险、解决突发性问题的能力。由于信息的不对称性和环境的不确定性，企业往往难以对未来的发展进行精准的判断。而具备应变能力的企业家能够及时察觉外部环境的微妙变化，并根据环境变化迅速调整企业经营发展战略，减少企业经营的潜在风险。因此，企业家的应变能力尤为重要。

企业家具备先动性意味着企业家能够正确利用自己的胆识、冒险精神和预见性思维，这对企业的数字化成长决策的制定和发展至关重要。由于资源的稀缺性，拥有先动性思维的企业往往能够争取到更多的数字化资源，从而在与其他企业的竞争中获得比较优势。

企业家精神能够提升企业的可持续发展能力，在一定程度上推动着企业的成长和发展。良好的企业家精神能够使企业的数字化决策与时俱进。

4.3　决策风险：过度依赖数字化

企业的决策不要盲目依赖数字化。企业长期积累的数据对企业的决策具有重要的参考作用，但企业要想做出科学合理的决策，不能只依靠数据。企业在决策时可以适度跨界，制定多元化的决策。

4.3.1　对市场空间精准判断必不可少

企业的市场空间越大，潜在市值往往就越大。研究市场空间可以帮助企业了解市场发展的极限，分析企业未来的成长性，帮助企业决定是否要进入该市场。企业在做决策时，需要用长远的目光和科学的思维方式对市场空间进行精准合理的判断。

市场渗透率能够体现目标市场的规模，企业可以通过对市场渗透率的预测来判断市场空间和发展潜力。新型市场的渗透率往往较低，新市场的用户引发的高增长率往往只是暂时的；成熟的市场的渗透率往往较高，成熟市场中的回头客能够缓解市值衰退的速度。除了调查市场渗透率，企业还可以从以下 4 个方面判断企业的市场空间。

（1）定义市场阶段。定义市场阶段可以帮助企业分析行业中各企业的产品分布情况，帮助企业更好地明确市场竞争格局。

（2）关注竞争。企业要关注同领域企业所占据的市场份额，分析目标市场的竞争情况。

（3）估算市场规模。在估算市场规模时，企业可以尝试去除竞争对手在市场中所占据的份额，对自身在市场中所占据的份额进行评估和预测。

（4）评估静态市场规模。静态市场也存在着激烈的竞争，这就需要企业以实事求是为原则，客观地看待目标市场的动向和目标用户的需求，预测市场未来的变化趋势。

企业可以通过源推算法和需求推算法对市场规模进行具体的推算。

（1）源推算法。企业要推算本行业的源行业，以源行业的发展状况推断本行业的市场发展空间。例如，建筑材料和家居行业可以通过了解房地产行业发展数据，推断本行业的发展趋势和空间。

（2）需求推算法。企业可以以目标用户的需求为核心，推算目标市场的市场发展空间。想要做线上日用品零售的企业可以先调查线上各电商平台日用品零售领域的市场规模，并计算各平台日用品商家数量，再调查产品价格和目标用户的购买比例。

广阔的市场空间是企业创造更多经济利润的重要条件。企业要对市场空间进行科学合理的判断，为企业的未来发展提供动力，为企业的战略规划指明方向。

4.3.2　适度跨界的决策，实现多元化发展

多元化发展是企业的重要战略选择。对于同类产品众多、核心业务趋于饱和

且难以寻找到新突破点的企业，更适合采取多元化发展的决策和战略。

多元化愿景是企业对自身的发展前景做出的多元化定义和设想，其能够为企业新业务的发展或业务的重新组合提供清晰的指导方向。企业需要结合自身的核心能力确定多元化的愿景。

大型企业往往具备相对充分的资源配置，其多元化的发展战略往往是主动型的。大型企业可以选择的行业范围较广，可关注的行业发展周期和阶段也更加全面。大型企业一般遵循"审时度势、有所取舍"的原则，围绕自身的核心竞争力主动进行多元化的适配和选择。中小型企业可以配置的资源相对较少，且它们的多元化发展往往是被动型的。由于中小型企业的多元化发展范围较窄，多元化机会成本和风险也要远远高于大型企业。因此，中小型企业应抓住由企业核心能力的相关性触发的一些发展机遇，并遵循"顺应趋势、注重落地"的原则，内外结合地制定多元化发展战略。

制定多元化的发展战略作为企业长期发展的一种战略手段，能够帮助企业拓展战略资源，不断适应市场和商业环境的变化，提升企业应对风险的能力。

4.3.3　不要盲目相信过往历史数据

数据的重要作用是无可非议的，数据能够为企业的决策制定提供有力的依据。但由于企业收集数据、分析技术及对数据所反映现象的判断等环节都难免存在谬误，如果企业仅仅依靠数据去做决策，那么这个决策很可能是不够科学的。

曾在欧美国家中兴起的反对"数据为王"的浪潮给当时很多只迷信数据而轻视市场探究和用户真实反映的企业敲响了一记警钟。以可口可乐公司为例，可口可乐曾在计划推出新口味时，在美国各地展开了一场由某知名市场数据调研企业提供的全方位市场调研。调研的数据显示约有多半用户喜欢可口可乐的新口味产品，这使可口可乐大为振奋，于是，可口可乐开始大量生产并上架此款新口味的产品。

但新口味产品进入市场不久，便引起了大量消费者的强烈抗议，甚至有很多消费者以示威游行的方式表达自己的不满。最终，可口可乐只能屈服于消费者的意愿，改变生产决策，恢复原口味可乐的生产。此次决策的失误为可口可乐企业带来了重大的经济损失。

由此可见，就像可口可乐这样的大型企业也会因为偏信数据，而没有切实把握消费者的需求动向，造成决策疏漏。

综上所述，数据是具有合理性的，但企业不能完全偏信数据。企业可以将数据作为决策的参考依据或者验证企业营销策略的工具，但真正想要做出科学合理的决策，需要企业在参考数据的同时沉下心去倾听市场和用户的真实反馈。

第 5 章

拟定方案：梳理转型关键环节

企业在开启数字化转型之路前应拟定企业的数字化转型方案，例如，数字化转型的开启时间、数字化转型需要做的准备、数字化转型的风险应对措施等。一个完善的数字化转型方案能够帮助企业梳理数字化转型的关键环节，为企业的数字化转型奠定基石。

5.1 分析数字化转型必要性

数字化转型是数字化时代给企业带来的机遇，企业是否应该抓住这个机遇开启数字化转型之路？企业什么时候可以进行数字化转型？这是很多企业当下面临的主要问题。本节将带领读者了解如何分析企业数字化转型的必要性。

5.1.1 进行数字化 MAX 成熟度测试

数字化 MAX 成熟度测试是企业评定自身数字化水平的重要工具。企业通过数字化 MAX 成熟度模型能够更加清晰地了解企业数字化转型的必要性。从数字化 MAX 成熟度的 6 个级别展开论述。

（1）第 0 级。第 0 级企业缺乏一定的数据意识，它们往往还未应用数据，完全依靠企业负责人的主管决策。

（2）第 1 级。第 1 级企业一般利用 Excel 存储和分析数据，它们的数据量较小，数据文件相对零散。这一级别最常用的数据分析工具可能就是 Excel，而 Excel 的数据分析结果相对片面，因此，难以实现对企业全域的数据分析，并难以从宏观角度做出科学决策。

（3）第 2 级。第 2 级企业一般依赖技术部门进行数据分析，它们的数据应用已经逐步从个人上升到企业。第 2 级企业一般是由技术部门利用 BI 分析工具进行数据分析，辅助企业领导决策。BI 分析工具的应用场景有企业管理驾驶舱、企业运营报表等。相较于前两级企业，第 2 级企业在数据化运营上有一定的组织和规模。

（4）第 3 级。第 3 级企业以技术为核心，能够系统化地应用数据。这一类企业的技术部门是创造数据价值的主体，技术部门具备一定规模，能够为企业解决一些常见的数据问题，技术部门是业务部门的强大支撑。但由于这一类企业的数据化运营成本较高，难以实现企业的整体数据化运营。

（5）第 4 级。第 4 级企业的数据化运营以业务为核心，它们基本建立了以业务为核心的数据化运营体系。这一类企业已经实现了数据的良性循环，并在数据的良性循环中沉淀了大量数据，基本实现了用数据赋能业务的目标。这一类企业改变了以技术部门为核心挖掘数据价值的数据应用模式，构建了相对完整的数据中台。

（6）第 5 级。第 5 级企业已经实现了数据的良性循环，能够形成以数据为核心的企业竞争力，为企业开创新的商业模式。这一类企业能够打通企业的内外部数据，制定完整的数据战略、算法战略和模型战略等，用数据驱动企业的半自动化发展。

数字化 MAX 成熟度测试能够帮助企业评测自身所处的阶段和具备的数字能

力，明确自身的数字化转型进度，并找到自身的优势和不足，为企业的数字化转型方案提供指导。

5.1.2　分析数字化转型必要性的九大要素

企业在确定进行数字化转型前，除了要通过数字化 MAX 成熟度测试明确自身数字化运营级别，还应根据自身实际条件考量企业转型的条件。以下是企业分析数字化转型必要性的 9 个要素，如图 5-1 所示。

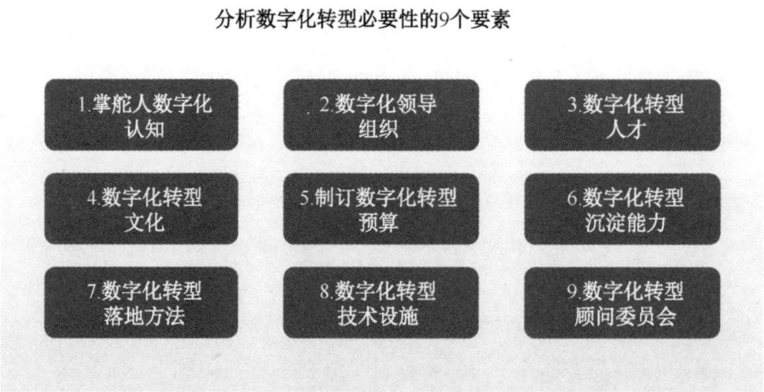

分析数字化转型必要性的9个要素

图 5-1　分析数字化转型必要性的 9 个要素

1. 掌舵人数字化认知

企业需要评测掌舵人是否具备数字化认知能力。数字化转型的角色分配、决策制定和节点把控等环节都需要掌舵人敲定。因此，只有企业掌舵人对数字化转型具有深刻、专业的认知，企业的数字化转型才能够取得良好的效果。

2. 数字化领导组织

企业需要建立与数字化转型战略相匹配的领导组织。数字化转型涉及企业所有部门的 KPI，部门的负责人如何为企业的数字化转型提供支撑，也是企业在建立领导组织时应思考的问题。在建立数字化领导组织时，企业要考虑组织各成员的角色是否互补，各成员是否认可企业的数字化转型工作。不同企业建立的数字化领导组织不同，但应包括首席数字官、首席执行官、首席运营官和首席技术官等成员。

3. 数字化转型人才

企业需要具备一定数量的数字化转型人才，如数字化分析师、数字化业务工程师和数字化产品经理等。同时，企业的数字化人才建设应该从以下 4 个方面考量，这 4 个方面分别是充足且完备的人才储备，科学且合理的人才组建，清晰的岗位职责，以及完善的人才晋升渠道。

4. 数字化转型文化

数字化文化是企业以数据为驱动、以业务为导向解决问题的意识。企业在数字化转型之前，应该建立一套完善的文化体制。例如，建立学习文化、建立以业务为导向的激励文化、构建用数据解决问题的文化氛围。

5. 制订数字化转型预算

数字化转型需要做出精准的财务预算。企业在数字化转型期间涉及的数据采集、人才招聘、设施升级等环节的工作都需要财务的支持。企业需要对数字化转型做合理的调研，预估企业在数字化转型中产生的费用，以更好地规划企业的数字化转型成本。

6. 数字化转型沉淀能力

企业在启动数字化转型之前，需要具备一定的沉淀能力，包括组织数字化、用户数字化、产品数字化等，这些都是企业在数字化转型过程中所要具备的能力，也是企业平稳启动数字化转型的基础。

7. 数字化转型落地方法

在企业的数字化转型进程中，是否具备可实践的方法影响着企业数字化转型的方向和转型发展进度。数字化转型需要清晰的落地方法，以帮助企业树立数据资产、打通数据壁垒、用数据赋能业务。

8. 数字化转型技术设施

企业要考虑企业的数字化技术设施是否可以满足企业数字化转型的技术需要。无论是前期的数据治理，还是后期数据对业务的响应，企业都需要灵活的技术架构。

9. 数字化转型顾问委员会

企业的数字化转型需要专家和顾问的支持，完善的数字化转型顾问委员会能够为企业建立清晰的培训体系，帮助企业高层、中层、基层成员提升数字化认知。企业的数字化转型顾问委员会能够针对企业的实际问题，在企业的数字化转型进程中的关键节点为企业提供专业性的指导建议，以更好地帮助企业把握数字化转型命脉，避免企业陷入误区。

总之，企业需要根据以上 9 个要素分析数字化转型的必要性，从组织、体系、资源和战略等不同维度出发，综合考量企业的数字化转型能力。

5.1.3 对数字化转型进行风险评估与管理

数字化转型之路存在着诸多风险，企业要防患于未然，在决定数字化转型之前，对数字化转型进行风险评估与管理。企业可以从以下几个方面评估数字化转型进程中的风险，如图 5-2 所示。

1. 决策风险

决策风险主要体现在领导层能否制订符合企业实际发展的转型方向，使企业在数字化转型之路上能够平稳前进。

2. 组织风险

组织风险在于企业是否具备专业的信息部门、数字化组织，或者强大的组织能力。企业内部能否及时、准确地传递信息，这都影响企业的顶层决策。

3. 协作风险

协作风险主要体现在业务部门与技术部门或者其他部门之间能否相互配合，

同时，企业各级部门领导与员工能否有效协作。

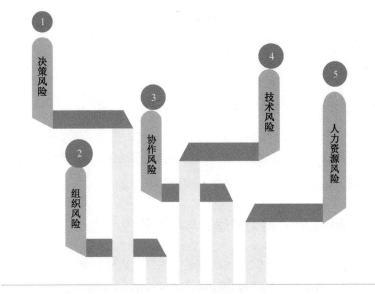

图 5-2　数字化转型的风险

4．技术风险

技术能力是企业数字化转型的重要能力，没有稳固的技术，企业很难做好数字化业务建设。因此，企业需要加强在技术方面的资金投入，做好企业的技术建设规划。

5．人力资源风险

企业在数字化转型的进程中，需要懂管理、懂技术、懂业务的综合性人才，而这样的综合性人才目前较为稀缺。因此，企业应尽早建立综合性人才梯队，并加大对综合性人才的薪酬支出，以避免因综合性人才的流失给企业带来更大的技术风险。

6．资金风险

数字化建设是一项需要持续性投入的项目。为了避免资金的损失，企业应该尽可能地避免烂尾项目、重复投入和无效投入等。

风险评估与管理能力也是企业在数字化转型中的重要竞争力，对风险能够准确地评估与管理能够帮助企业更好地适应数字化转型趋势，从而帮助企业制订更科学的数字化转型方案。

5.2 明确数字化转型时间

不同条件的企业，数字化转型时间也不同，企业应该根据自身的实际情况和发展契机选择合适的数字化转型时间，规划好变革的起点。

5.2.1 理论基础：剪刀差理论与马太效应

数字化转型是一个漫长的过程，数字化转型对企业管理的优化、业务的开拓、产品的创新及效率的提升都有着持续性的作用。这意味着企业越早进行数字化布局，就越早拥有数字化能力，这一规律也体现在剪刀差理论中。

在剪刀差理论中，随着时间的推移，企业的数字化成本越来越低，但人力成本会越来越高。在数字化成本和人力成本交叉之前，数字化成本是高于人力成本的，也正是因为很多企业想要节省数字化成本，而没有在早期开始数字化转型。当经过了数字化成本与人力成本相互交叉的拐点之后，企业才开始进行数字化转型，但此时已落后于那些在早期开始数字化转型的企业。这就是数字化转型时间差在剪刀差理论上的诠释。

马太效应是指强者愈强、弱者愈弱的现象。数字化转型中的马太效应是指拥有先进数字化技术的企业比没有数字化技术或者数字化技术薄弱的企业的综合能力更强，并且会越来越强；同时，在早期运用数字化技术的企业的综合能力比在后期开始运用数字化技术的企业的综合能力更强，并且会越来越强。

因此，在早期开展数字化转型能够为企业提供更加广阔的技术提升空间，这对于企业来说也是一种时间优势。同时，企业对于数字化技术的掌握越稳固，企业的数字化能力就越强大，企业在数字化转型中的获利就越多。

5.2.2　不同企业的数字化转型时间

数字化转型可以帮助企业打破业务、管理等方面的屏障，为企业带来颠覆性的影响。在数字化转型的大势所趋下，企业应该什么时候开始数字化转型？这是企业应该慎重思考的问题。

1. 求生存

当企业经营活动逐渐走向衰竭，或当企业已经走投无路的时候，这时候企业进行数字化变革的动力是最大的。现如今，我国正处于优化经济结构、转化经济增长动力、转变经济发展方式的攻关期，体制性、周期性、结构性等问题互相交织，经济下行压力较大。同时，中美贸易仍然存在着较高的不确定性，这对我国的实体企业有着不可小觑的影响。在此背景下，企业的生存可以说是"剩"者为王。为了能够在这样的经济背景下生存下去，各企业纷纷加入数字化转型的队列中，期望能够通过数字化转型的变革力量帮助企业渡过难关。

2. 谋发展

当企业的发展遇到了瓶颈，各企业开始期望通过数字化转型为企业的业务发展注入动力，通过布局线上渠道，实现线上引流获客。伴随着智能终端的不断发展，互联网逐渐诞生了众多新型平台，如社交平台、直播平台、短视频平台和电商平台等，这都为企业的线上业务拓展提供了更多的渠道，这也正是企业谋发展的好时机。

时间点的选择决定企业的数字化转型之路能否更加顺利的开展。企业应该根据企业现阶段的实际发展情况和需要，从企业发展的大局来看，选择合适的时间点开启数字化转型之路。

5.3 选择数字化转型的牵头人

在数字化转型的进程中，企业的领导者将会面临前所未有的压力。要想更轻松地应对数字化转型的挑战和压力，企业需要选择具备强大领导力的牵头人，以更好地改变组织的传统思想，为企业凝聚更强大的变革力量。

5.3.1 董事会的主导地位

企业的数字化转型一旦开始，需要花费很多精力跟踪和分析数字化转型结果。作为企业的最高决策者，董事会在数字化转型道路上的领导作用尤为重要。

在数字化转型进程中，董事会的态度关乎数字化转型过程中企业人才组织的建设、财务预算的审批和资源配置的支持。同时，董事会需要真正了解企业数字化转型的目标，制定企业数字化转型的时间点、规划企业数字化转型的措施，监督企业数字化转型的进展和效果。

企业要注重提升数字化战略的优先级，以在商业竞争中凝聚数字化转型的巨大能量。基于此，董事会需要度企业的战略发展方向制定更加科学、合理的决策，将企业的数字化转型战略提升到企业的第一战略地位，引起企业自上而下的重视，凝聚企业全体人员的力量，积极探索企业的数字化转型之路。

董事会需要负责数字化转型执行方案的制订，企业的一线团队需要根据执行方案推进企业在数字化转型进程中的每个阶段目标，以保障企业数字化转型的每个阶段都能够有秩序的推进。董事会需要配备相应的数字化管理人才，以更好地领导企业各部门的数字化转型，挖掘更多的数据应用价值，以更好地应对数字化转型的风险。

总之，在企业的数字化转型进程中，董事会一定起到总领全局、协调各方的主导作用，领导企业的数字化战略的科学制定和顺利执行。

5.3.2　CEO 也要参与数字化转型

CEO 是企业的首席执行官，是企业变革的推动者。在数字化转型的道路上，企业可能遇到接连不断的干扰和阻碍，出色的 CEO 能够更好地观察行业环境，发现其中潜在的风险和机遇。以下是 CEO 在数字化转型中主要发挥的作用，如图 5-3 所示。

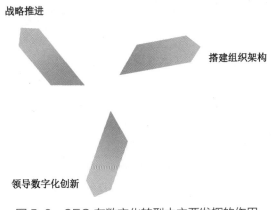

战略推进

搭建组织架构

领导数字化创新

图 5-3　CEO 在数字化转型中主要发挥的作用

1. 战略推进

CEO 主要负责企业数字化转型战略的推进。CEO 在数字化转型的进程中要明确自己的领导角色和责任，CEO 需要负责将数字化转型的执行工作下放，并确保执行团队内部的协作。具体包括为企业制订一个高水平的执行计划和一个系统的转型路线图，为数字化转型试点部门提供资金支持，领导参与数字化转型任务的专职人员等。

2. 搭建组织架构

CEO 需要搭建数字化转型过程中的组织架构。数字化转型需要完备的组织架构，搭建组织架构不仅能够让整个团队更加规范化、系统化，也能够提升团队的工作效率。搭建组织架构需要 CEO 梳理团队的角色、岗位，为团队的每个成员划分具体的工作职责和内容。CEO 是团队搭建的核心，要想搭建合格的组织架构，

CEO 的作用必不可少。

3. 领导数字化创新

CEO 引领着企业数字化的创新和发展方向，对企业的数字化转型要具备足够的前瞻性。CEO 要制定严谨的数字化转型框架，并对企业的数字化转型任务进行综合的数据分析，做出严谨的选择。企业中所有引人瞩目的数字化创新都离不开 CEO 的指引，CEO 要负责重塑企业的产品和服务，在改变用户体验方面给企业带来新思路和新途径。

董事会和 CEO 都是企业数字化转型中的重要牵头人，CEO 应重视自己在数字化转型任务中的执行和推动作用，带领团队更好地落实企业的数字化转型战略实施。

第 **6** 章

高效执行：引爆企业转型动能

数字化转型的决策很重要，执行更为关键。在数字化转型的进程中，如何选择合适的转型执行模式？如何控制数字化转型成本？如何让数字化转型高效发展？本章将通过数字化转型的具体实施措施，带领读者了解如何采取高效的执行模式，引爆企业数字化转型动能。

6.1 常见的数字化转型模式

对转型模式的选择是企业在执行数字化转型任务时应重点关注的问题，数字化转型有多种模式，不同模式有不同的特点，选择合适的模式是实现数字化转型目标的基础。接下来将论述 4 种常见的数字化转型模式。

6.1.1 模式一：精益模式

简单理解，精益思想就是在投入较少成本的情况下，获取最大的利益，并在发展的过程中不断迭代和优化，追求永无止境的改善。精益思想应用于企业的层面很广泛，它可以用于企业的各方面，如各个部门、各层级的业务。

精益思想在企业应用层面的主要体现是精益生产、精益管理、精益运营和精益服务等方面。以下是精益数字化转型的基本架构，如图6-1所示。

图6-1 精益数字化转型的基本架构

用精益思想指导企业的数字化转型，能够提升企业数字化任务的处理效率，让企业少走弯路，尽可能地避免成本的浪费，达到更好的运营效果。企业要想正确地应用精益模式，需要注意以下5个应用前提。

（1）原则。精益数字化转型需要企业从认知上真正了解数字化转型的意义，明确数字化转型的目标，并掌握数字化转型的具体方法，也就是企业需要清楚在数字化转型中应该做什么事，解决什么问题，取得什么样的成果。同时，企业所有的活动都要始终以用户需求为中心、以数字技术为手段、以人才为依托、以数据为资产。这不仅是企业领导者要有的意识，也是企业管理者要有的意识，更是企业全员要有的意识。

（2）基础。精益数字化转型的基础是流程数字化，即依托各种数字技术收集企业运营数据，如市场变化数据、产品生产数据、企业运营和管理数据、用户服务体验数据和机器运转数据等。企业需要借助数据绘制市场变化全景图、生产全景图、产品全景图、运营全景图和用户全景图等，并根据全景图的展现分析并总结企业在整体运营中存在的问题。

（3）目标。精益数字化转型的目标是改善企业生产经营中存在痛难点的链条和环节，并集中人力、物力、财力，解决企业生产经营中的核心问题，如组织架构、运营模式、管理效率、市场推广、工作资源等。企业要通过多方调研，梳理企业业务发展需求，确定企业的数字化转型范围和方向。

（4）配套。在数字化转型进程中，企业作为一个整体的组织，需要打通数字化转型相关配套的业务链条和管理环节，凡是与企业数字化转型相关联的环节都是企业需要重点梳理的内容。

（5）实行。企业要勇于突破存在即合理的思维局限，对企业存在的问题和现象追本溯源。同时，企业需要规范数字化业务的整体流程，明确数字化转型的交换内容和形式，实现信息链条的全连接，重构经营管理新模式。

总之，精益模式需要企业以精细、缜密的思维方式做出数字化转型决策，在数字化转型的进程中，注重调整细节，解决核心问题。

6.1.2　模式二：增强模式

增强式转型不是战略和商业模式上的数字化变革，而是对企业经营全场景齐头并进的数字化升级。即通过全面触发，在企业确定数字化转型战略目标之后，对企业的战略进行全面的数字化升级。

数字化转型的全面触发是增强模式的主要战略，也是对企业数字化业务和能力的极大考验。将企业战略作为转型的第一焦点是增强模式的主要体现。增强式转型往往是由企业的数字化专家和中层骨干共同推动完成的，增强式转型的变革更加系统化、规范化，如果能得到企业有力的推动，能够更加快速地展现企业数字化转型的价值。很多企业倾向于采取增强式转型策略，推动转型战略整体、快速的落地。

但企业需要注意的是，在转型之初，企业需要保证企业的数字化转型战略是清晰且明确的，这样才能使应用数据技术加速落地，使数据技术能够更好地服务于战略，这是企业战略与数据技术的适配性。如果企业无法建立这种适配性，很可能会导致两个问题，一个是数字化转型达不到理想的效果，使企业对数字化转型价值产生怀疑，影响企业变革的信心；另一个是人力、资金和资源的浪费。

例如，某家企业从多个层面开展数字化转型探索，包括组织、流程和智能智造等，并自认为其管理模式比较高端，但是企业的总体业绩并没有明显的提升，其中的问题往往就出现在企业的战略层面上。只有拥有系统、清晰的战略，并确保战略是正确的，增强式转型才有意义。

6.1.3 模式三：创新模式

与前两种转型模式不同的是，在创新式转型模式中，企业的商业模式和战略发生了本质变化。采取创新模式的企业，其原有的竞争优势将逐渐被摧毁，其竞争领域将发生巨大转变。在这样的情况下，如果快速推进战略变革，企业很可能失去现有的市场，甚至在数字化转型中被淘汰出局。

持续性竞争优势是企业战略变革的核心。近年来，能够保持持续性竞争优势的企业越来越少，或者说企业竞争优势能够维持的时长越来越短。不过，有一些企业虽然无法保持长期稳定的竞争优势，但能够通过创新保持连续、暂时的竞争优势。当这些企业失去竞争优势时，他们往往也能够快速夺回竞争优势。

这就意味着企业在不断变化的竞争环境中，能够通过数字技术创新，对竞争环境中的不确定性因素做出及时的战略论断。无论是传统行业的刷新和重构，还是新兴行业的诞生，都需要一种数字化新型思考架构，如图6-2所示。

基于新五力模型下的思维架构是创新式转型企业的主要思维方式。

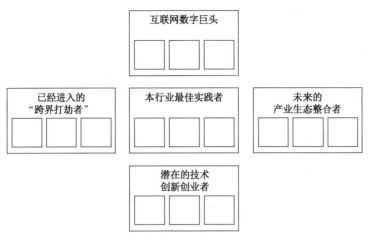

图 6-2　创新模式下的新五力模型

6.1.4　模式四：跃迁模式

跃迁式转型模式对企业来说是最具挑战性的。跃迁式转型模式是企业将商业模式、生产模式、管理模式、研发模式和服务模式都赋予数字化变革状态，这可能给企业带来巨大的成功，也可能给企业带来巨大的损失。采用跃迁式转型模式的企业需要采取更加审慎的态度，对商业环境、企业环境和企业数字化能力进行综合评估，具体可以从以下 3 个方面入手，如图 6-3 所示。

图 6-3　评估企业是否具备跃迁式转型所需数字化能力的 3 个角度

1. 领导力维度

跌迁式转型对企业来说是一场巨大的变革，需要领导者明确企业的数字化目标和愿景，并具备坚定的意志和强大的意愿持续推动企业的数字化转型，为企业各层级、各部门提供强大的资源支持，鼓舞企业员工参与到数字化转型的探索中。

2. 文化维度

跌迁式转型需要企业具备强大的文化基础。一是变革型文化，即员工拥抱数字化文化，将变革的热情和动力带入工作中。二是试错型文化，即鼓励员工不断尝试和探索数字技术的运用。在此过程中，企业要允许探索失败，并对失败不断反思。将错误转化为"有价值的错误"。三是数据型文化，即企业要相信数据的价值和力量，促使企业员工将数据利用作为一种普遍的、基本的工作能力。同时，企业的管理者不能过于相信自己的直觉和经验，对于自己的决策水平过于自信，而应该以数据分析的结果为依据，塑造企业的数据型文化。

3. 能力维度

跌迁式转型需要稳固的数字化能力，否则数字化转型的目标很可能流于空想。企业需要评估自己的数字化能力，包括软硬件设施支撑能力、数据治理水平和人才综合能力等。同时，数字化能力需要经历长时间的建设过程，企业需要努力引进新型数字技术，促成技术的升级和迭代。在引进技术的同时，企业也要考虑所要引进的技术是否符合企业的实际需要，是否与企业的能力相匹配。只有能力足够匹配企业的战略和技术，企业才能够在跌迁式数字化转型中取得更好的发展。

机遇越大，风险越大。跌迁式转型有利有弊，企业在选择跌迁式转型模式时要认真审视以上三个维度，从而更好地把握跌迁式转型的价值和机遇。

6.2 控制数字化转型成本的方法

控制数字化转型的成本有利于企业节省人力、物力、财力，避免因资源或材料短缺而影响企业的数字化生产，从而保证企业的数字化转型能够更加平稳的运行。企业可以从价值链、数据利用、资产转换三个方面控制企业数字化转型成本。

6.2.1　从数字化价值链入手

在数字化成本的视角下，研究数字化价值链的成本管控和优化对于企业来说至关重要。企业需要综合考虑价值链与数字化转型成本的关系，使企业能够更好地应对数字化转型风险。以格力电器为例，分析格力电器在数字化转型中管控价值链成本的具体措施。

在研发方面，格力电器是中国最早在研发环节采用 CAE（工程设计中的计算机辅助工程）系统的家电制造企业，在采用了浪潮提供的天梭计算集群之后，CAE系统的计算效率得到了大幅提升，当效率提升后，产品的运维成本随之下降。在制造方面，格力电器借助其特色智能制造系统，连接整个产品生产过程中的全部数据。

外加利用智能化生产车间对格力电器的数据进行综合分析，实现格力电器生产过程的可预测、可调整、可追溯，这大幅降低了格力电器在生产运营与物流监管方面的成本。格力电器的管理方式也转为了线上，管理者可以远程监督和下达指令，大幅提升了管理效率，为格力电器价值链的成本优化奠定了坚实的基础。

品种齐全、种类繁多是格力电器产品的特点。格力电器的不同产品所需材料存在着差异，在各类材料和技术异同的基础上，如何高效运转企业各生产环节链条，降低企业的生产和管理成本？针对此类问题，格力电器通过智能生产线对各生产环节中产生的成本进行数字化监管。格力电器建立成本管理平台，对供应链生产环节中产生的各项成本进行实时监管和分析。

格力电器的生产方向以空调为主，其他智能生活电器为辅。面对空调零部件价格持续上升的问题，格力电器建造了自动化厂房，对工、费、料进行智能化控制。格力电器通过数字化、智能化的生产为生产各环节的价值链节约了大量成本。

格力电器制订了智能制造的信息化规划，致力于通过推进智能制造转型升级为企业节省制造成本。格力电器自主搭建大数据平台，该大数据平台具有数据存储、数据挖掘、数据分析等作用，推动了格力电器在研发与生产上的数字化升级。格力电器围绕智能制造发展战略，结合工业制造的多种场景，加速推进人工智能应用的建设，并深入布局智能办公、智能识别、智能检测在企业各领域中的应用，推动人脸识别、岗位行为识别、工业视觉监测、物料智能检测等数字化应用板块加快落地。

数字化、自动化、智能化在格力电器中的广泛应用，使格力电器不仅节约了价值链中的各项成本，还大幅提升了企业的生产效率，规模效益也得到了显著提升。

6.2.2　将数据沉淀下来是重要任务

现如今，数据成为新货币。数据既是企业的一种无形资产，也是企业的一种竞争力。企业如果不重视对数据资源的合理利用，数字化转型任务也很难完成。

数字化转型是一个与大数据、人工智能和云计算等数字技术相结合的过程，而数据是这一过程中的重要角色。企业应该加强对数据的实时收集和精准分析，为市场提供高质量数字化产品，实现数字化转型的降本增效。

以知名电器品牌美的为例，美的致力于以数据驱动智能排产，实现生产的降本增效。由于美的的很多客户的一些特殊原因和需求，交货期总是出现临时变化，甚至有一些供应商有时会出现跳单的情况。面对此类问题，如果采用人力调度模式去排产，很可能影响工厂的整个运营情况。

美的结合智能算法模型，在产销计划一体、全价值链协同的基础上通过数据分析做自主生产和开发，并构架智能决策系统，通过大数据智能预测实现精细化排产。最后打造出以数据为支撑的高效运营排产体系，这使美团能够以合适的成本、在合适的时间和地点将产品和服务交付给客户，更好地满足客户需求。

数据驱动了美的智能化排产的升级和优化，让生产运营更加精细、高效，大幅降低了美的的排产成本，助力美的成功实现了降本增效。

6.2.3 从关注重资产转向关注轻资产

数字化时代，随着市场竞争不断加剧，企业在数字化转型中必须通过降低成本以维持企业的正常运转，而资产的转型是降低企业数字化转型成本的关键。以房地产企业为例，为了更好地控制数字化转型成本，众多房地产企业的关注点从重资产转向了轻资产，以下是房地产企业资产转型的 3 个主要方向。

1. 信息化

房地产企业致力于实现企业内部的信息化管理，即将企业的物料移动、生产过程、客户交互和现金流动等业务流程通过信息系统分析加工形成新的信息资源。企业员工能够通过这些信息资源洞察各环节业务的信息动态，进而帮助房地产企业做出更加科学合理的生产要素组合优化决策。

同时，房地产企业致力于实现后台管理模块和业务管理模块的信息化。后台管理模块的信息化旨在增强企业内部的高度协同，促使企业内部能够高速运转。业务管理模块的信息化旨在通过对项目成本、计划和销售等数据进行管理，实现对项目指标和数据的实时监管和分析，从而增强项目的可控性。这些是房地产企业从重资产转向轻资产的信息化措施。

2. 在线化

房地产企业致力于实现业务场景的在线化，包括内部的在线化和外部的在线化。其中，内部的在线化指在内部一切经营管理上的在线化；外部的在线化指在企业与供应商、企业与客户之间的在线交互和连接。在线化的价值在于以线上连接的形式提升企业内外部的协同效率，积累企业的业务数据，创新企业服务模式。

同时，由于在线化的业务场景是数据化的，有利于企业实时沉淀业务交换数据。例如，通过房产经纪人的在线对接，拓展了销售渠道；构建客户从看房到交易的在线化流程，提升销售效率和销售转化率。在线化将企业众多线下经营管理流程转到线上，成功推动了房地产企业从重资产向轻资产的转型。

3. 智能化

智能化旨在实现房地产企业的数据驱动业务洞察和检测，随着数据的沉淀和技术的成熟，企业逐渐进入用数据驱动决策的轻资产阶段。例如，房地产企业基于智能化数字系统积累的产品定位设计方案、成本数据、销售数据和历史项目投资等内部数据，辅之以市场行情数据、地理信息数据、人口数据等外部数据，建立了一套智能化的项目投资模型。

在制定企业并购、项目投资等重大决策时，智能化数字系统根据设定好的数据模型能够自动生成最优投资决策，以应对企业因依靠经验决策的不确定性风险，避免企业因决策失误而生成的不必要的成本开支。这也正是用智能化数字系统赋能企业资产转型的重要举措。

信息化、在线化、智能化不仅是房地产企业资产转型的重要方向，也是其他想要发展轻资产企业的战略要点。从重资产向轻资产的转型能够更好地帮助企业控制数字化转型成本，助力企业降本增效。

6.3 加快数字化转型进程的方法

要想加快企业的数字化转型进程，企业需要保持持续的数字化能力，用能力驱动企业的数字化转型。同时，稳固的生态链能够为企业塑造和谐的数字化发展环境，企业应借助生态链提升企业的核心竞争力。

6.3.1 持续提升数字化能力

数字化转型是一项漫长且复杂的工作。要想快速推进数字化转型的进程，企业需要保持强大的数字化能力。以下是企业持续提升数字化能力的 3 种方式，如图 6-4 所示。

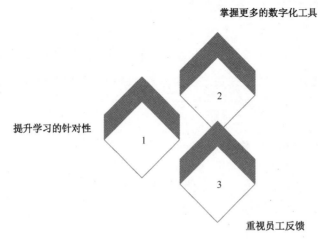

图 6-4　企业持续提升数字化能力的 3 种方式

1. 提升学习的针对性

企业要提升数字化学习的针对性，尤其是在数字化转型中涉及的运营、管理等方面的知识和技巧，对于任何一个与数字化转型紧密相关的学习领域，企业都需要深入掌握。因此，企业在已经具备基本的数字化转型运营能力之后，还应积极参与学习各种数字化课程。并在选择数字化课程时明确自己的学习重点和企业的需求导向，从而更好地学以致用。

2. 掌握更多的数字化工具

数字化工具的发展是数字化革命开展并稳步前行的关键，互联网的发展也为数字化工具的应用创造了更好的条件。因此，企业在培养数字化能力时，要注重对数字化软件和硬件的熟悉和掌握，借力数字化工具分析复杂的数据内容，确保数据分析的效率和准确性，从而形成强大的数字化能力。

3. 重视员工反馈

企业要不断帮助一线员工梳理数字化思维，提升数字化技能，为数字化岗位赋能。同时，企业也要积极重视员工在执行数字化任务过程中的反馈，及时收集一线员工的需求、建议和意见，进而不断完善数字化转型策略、方案和流程，帮助企业持续提升数字化能力。

数字化能力体现了企业的数字化水平，持续保持数字化能力是企业打造顽固竞争力的重要途径。企业应在数字化学习和实践中不断提升数字化能力，以平稳推进企业的数字化转型进程。

6.3.2　打造利益共赢生态链

数字化转型并不是一家企业在数字化时代单打独斗的过程，而是一个行业乃至一个生态的整体转型。要想更好地适应数字化新环境，企业需要加强与生态圈中各企业之间的合作，推动利益共赢生态链的建立。

生物意义上的生态链指在自然界中，生物与环境是一个统一的整体。生物与环境相互联系、相互制约、相互影响，并处于稳定的动态平衡状态。而商业意义上的生态链与生物意义上的生态链有着相似的意义。商业意义上的生态链指在商业活动中的各企业共同组建并生存在同一个价值平台，并撬动其他参与者的能力，该价值平台能够更好地创造价值，使各企业能够从中分享利益、收获利益。

数字化时代的商业生态链是一种利益共赢生态链，在这样的生态链中，企业之间的竞争依然存在，但利益共赢生态链强化了彼此间的共赢性、联动性和发展的可持续性。要想打造稳固的利益共赢生态链，企业需要与其供应链中上下游企业构成合作伙伴关系，形成利益共同体。

在打造利益共赢生态链时，企业需要打造稳固的供应链管理能力，并找到优秀的合作机制，并从战略高度上整合供应链上下游伙伴的资源和能力，与合作伙伴共同提升供应链管理能力。

企业应以用户为中心，在运营、管理和业务发展等环节相互融合的基础上加强与供应链伙伴之间的合作，实现数据信息的灵活传递、价值的融合和创造，构建稳固的数字生态和价值链条。

第 **7** 章

中台建设：为转型按下快捷键

企业要想加快数字化转型的步伐，建立中台必不可少。中台主要包括数据中台、技术中台和业务中台，3 种中台都具备强大的数字化能力。企业应制定中台建设的战略，坚持中台建设的原则，利用中台为企业的数字化转型按下快捷键。

7.1 数字化转型武器——中台

中台能够将企业可复用的数字化能力组合起来，支撑企业数字化业务的发展。中台能够给企业提供资源支持，做到要技术给技术，要数据给数据。中台已经成为企业数字化转型的有力武器。

7.1.1 思考：中台是什么

为了应对数字化时代的挑战，很多企业都在注意力放在中台建设上。中台建设能够更好地服务前台和后台，进而更好地服务企业和用户。在建设中台之前，企业应该对中台进行充分的了解，下面通过 3 个视角来解读中台概念，如图 7-1 所示。

图7-1 解读中台概念的3个视角

1. 文化和理念

中台是一种以用户为中心的文化和理念。中台的作用之一是保证系统的实用性和流畅度，使用户获得更方便、更顺畅的使用体验。中台从用户的需求出发，加强内部协作和外部协作，重视产品成果和系统稳定性，旨在为用户创造价值。

2. 业务和组织形态

中台是企业针对商业模式和核心战略调整而设立的一种业务和组织形态。中台能够梳理前台业务，为前台业务赋能，具备强大的支撑能力，能够避免前台各业务线重复建设。

3. 技术和业务架构

中台是企业实现商业模式协同和共享发展的技术，是驱动数字化经济从垂直分工模式转变为水平分工模式。中台的核心目标是构建高价值的能力体系，提升前台的应变能力。中台不仅要运用云计算、容器化、分布式、微服务等高性能的云技术架构，还要运用服务架构或面向领域建模的业务架构，并通过采用插件化、事件驱动、领域驱动设计等模式和工具形成一种稳固的业务架构。

中台作为企业数字化转型的有力武器，能够打破前台、后台的传统运营模式，重组企业业务架构，是企业加快实现数字化转型的关键动力。

7.1.2　中台有哪些能力

中台能够更好地助力前台创新，进而帮助企业为用户提供更好的服务。中台在不同部门之间起到支持和总协调的作用，能够更好地实现企业业务与用户需求的持续对接。不同的中台应具备不同的能力。

1. 数据中台

数据中台是企业数据的连接，能够最大限度地汇集系统数据，并通过算法为企业提供智能决策。数据中台主要具备 6 种能力，分别是数据资产规划与治理、数据资产存储与获取、数据的协作与共享、业务价值的分析与探索、数据服务的构建与治理，以及数据服务的运营与度量。

2. 技术中台

技术中台主要具备 5 种能力，分别是综合协调分析能力、应变能力、识别能力、组织协调能力和对于技术领域的敏锐观察能力。

3. 业务中台

业务中台能够根据用户需求并结合企业的发展战略，为企业提供有针对性的业务解决方案。同时，业务中台是后台的延伸，能够实现企业业务能力和业务资源的实时共享。业务中台主要具备 3 种能力，分别是连接能力、整合能力和交付能力。

中台是数字化转型的标配，它不仅是企业的 IT 工具，还是企业的组织布局。中台极大地增强了企业数据、资源、能力的可复用性，进一步拓展了数据、技术、业务的价值。

7.1.3 避开中台建设的天坑

虽然中台的价值被越来越多的企业所认同，但中台的建设没有想象中那么简单。在中台搭建的过程中，企业要全面考量，避免掉入中台建设的天坑。以下是中台建设常见的 5 个误区，如图 7-2 所示。

图7-2　中台建设的5个误区

1. 仅搭建平台

搭建中台是企业数字化转型的关键环节。在中台建设的过程中，仅仅搭建一个平台并不能发挥中台的实际价值。企业应该根据数据应用需要和数据规模制订完善的中台战略规划，将中台建设作为一项涉及企业业务流程、帮助企业自上而下进行数字化变革的工程。

2. 中台架构简单，无须完善

由于经费有限或者经验不足，很多企业对中台架构的建设和维护没有给予足够的重视。然而，在中台建设的过程中，企业往往需要在项目试验的过程中不断验证中台性能。项目的试验结果为企业调整中台架构提供了指导方向，组织变革、业务调整和技术升级都需要跟随项目试验结果做出一定的变动。

3. 按照个人想法建设中台

进入这种误区往往是由于企业对中台没有足够的了解。按照个人想法建设中台和实际目标往往是偏离的，无论企业多么努力，建设成果一定会与实际目标大相径庭。

4. 用 IT 思维建设中台

很多企业将中台作为企业的数据仓库，而没有将中台当作业务驱动。在这种情况下，中台的受益对象更多的是企业的 IT 人员。同时，一些企业会将中台建设工作完全交给 IT 部门，但术业有专攻，中台建设的每个环节都有其特殊性和复杂性，因此，企业需要组建一支专业的团队深入中台建设的每个环节之中。

5. 中台体系过于技术化

很多企业的中台体系越来越技术化，但中台依旧无法满足企业的业务需求。换句话说，企业在建设中台时没有从业务视角进行考量。企业的经营更多的是面向业务，而业务的核心是用户。过于技术化的中台体系会使企业忽略用户的需求，导致企业与用户之间的鸿沟越来越深，无法更好地连接用户。

因此，企业要明确中台建设的目标和价值。同时，企业应注重中台建设的过程和步骤，尽可能地避免以上误区，并从经营战略和用户需求出发，让中台成为企业数字化转型的有力武器。

7.2　不可或缺的 3 类中台

数字化时代，随着企业业务的多元化发展，中台服务架构应运而生。很多企业借助中台打破了企业的数据孤岛，实现了业务在线化、商业智能化，给企业的数字化转型提供了强大动力。

7.2.1　数据中台

数据中台能够将普通数据转化为高质量的数据，为企业提供更强大的数据分析能力。同时，数据中台能够提升数据的准确性，为企业的数字化转型提供数据基础。

完整的数据中台基本架构示例如图 7-3 所示。

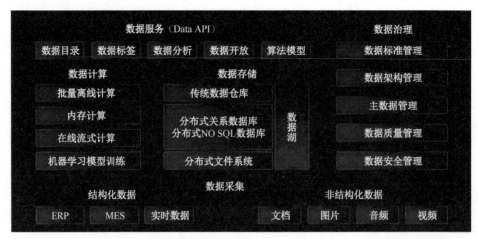

图 7-3　数据中台架构示例

数据中台降低了企业数字化的成本和门槛，为企业的数字化转型创造更多的数据和技术价值。以下是数据中台建设的 4 个步骤，如图 7-4 所示。

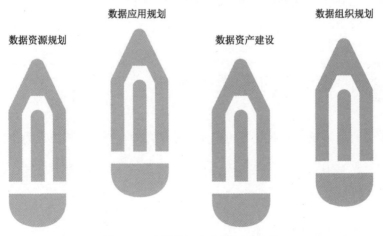

图 7-4　建设数据中台的 4 个步骤

1. 数据资源规划

对数据资源的合理规划是建设中台的前提条件之一，完善、精准的数据资源是建设中台的有力保障。企业应对现有数据资源进行统计，并根据统计结果明确可以掌握或应该掌握的数据资源，构建资源规划体系，并保证规划的科学性和合理性。

2. 数据应用规划

企业应基于自身的技术条件和战略方案，进行系统的数据应用规划。首先，企业应从业务线、业务层级、业务岗位等方面入手梳理数据需求；其次，企业应分析并总结需要构建的数据应用；最后，企业应建立数据应用评估模型，通过评估结果确定数据应用的落地路径。

3. 数据资产建设

数据资产建设是数据化建设的关键环节，是数据化建设前期庞大且复杂的基础层模块。数据资产建设主要包括技术建设、数据仓库模型建设、数据抽取和开发、任务监控与运维、数据质量校验、数据应用支撑等。

4. 数据组织规划

中台的建设需要具有一定战略高度的数据组织来推进。IT 部门、战略部门等都可以被培养成优秀的数据组织，企业需要将组织作为数据中台落地的关键，将组织作为中台建设的重要抓手。

企业在建设数据中台的过程中应对各个环节逐一突破，从而形成稳定的数据中台结构，发挥中台的管控作用，推动企业数字化转型。

7.2.2　技术中台

技术中台为企业提供自检系统的关键技术能力支撑，帮助企业进一步完善基础设施，解决分布式数据库等底层技术问题。

技术中台整合了云基础设施及在云基础设施上组建的各种技术中间件，如微服务、分布式数据库、分布式缓存、搜索引擎和消息队列等。同时，技术中台在此基础上封装了简单、实用的能力接口。

技术中台的建设标准是在一个负责提供容器或虚拟机的私有云上，建立一个符合数据中台或者业务中台需要的技术相关组件。严格意义上来说，技术中台既是建设工具也是组件，它具备能够为业务中台和前台应用提供完善基础设施的能力，大大缩短了系统的建设周期。如果说数据中台和业务中台是中台的炮火，那么技术中台就是搭建炮火发射地的工具。

技术中台为数据中台和业务中台提供了更加稳定、更加可靠的基础设施保障，让发射地更加稳固。例如，业务中台的业务服务中心需要完善的关系型数据库，而关系型数据库需要具备自动切换、一主一备、只读库创建及读写分离的功能。业务中台为了完善对数据的访问，需要通过技术中台建立分布式数据库，以对数据进行分表分库操作。

此外，技术中台的分布式缓存组件也是提高访问效率的必备组件。分布式缓存结合消息队列能够实现大流量削峰填谷和异步解耦，极大地提升了前台应用响应用户需求的能力及前端访问的性能。技术中台基本架构示例如图 7-5 所示。

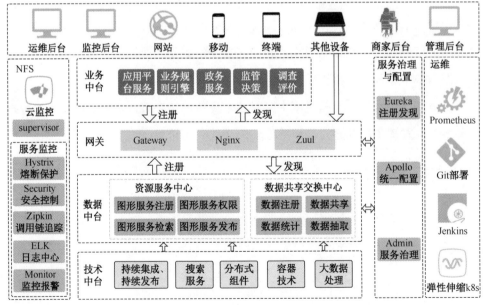

图 7-5 技术中台基本架构示例

技术中台具备为数据中台和业务中台搭建和完善基础设施的能力，技术中台是数据中台和业务中台平稳运行的重要保障。

7.2.3　业务中台

业务中台一般负责整合后台资源，并组建前台所需要的中间件，方便前台及时调用，如字节跳动的直播中台。业务中台往往需要依靠实体部门支撑，因此，其也被称为有形的中台。

业务中台主要有 3 层结构，分别是基石层、夹心层和 BP 层。基石层是联动后台的界面，加强中台对后台规则和资源的感知。基石层主要负责将后台提供的规则和资源初步模型化、框架化。基石层需要负责向后台反馈，以引导从后台到中台、再从中台到前台的整体职能建设思路的调整。

夹心层是知识的应用层，它提升了知识的弹性。夹心层主要为基石层提供知识，并依托应用场景的分类和采集，制订方向性的解决方案。同时，夹心层也需要基于前后台反馈来提供修正整体职能方向的解决方案。

BP 层是前台的 Business Partner（业务伙伴），它能够明确感知市场温度。当 BP 层进入前台团队，并与前台团队协同作战时，它能够在感知市场温度的情况下，为系统定制交付解决方案。BP 层也需要负责向企业内部传递其对市场的综合反馈。业务中台构建示例图如图 7-6 所示。

业务中台能够更好地连接企业内外部的合作者，并对合作者实施监管，促使合作者提供高质量的服务。业务中台能够将各种服务整合在一起，搭建基本业务服务框架。业务中台能够依据前台需要进行定制化业务服务交付，提升业务的个性化。业务中台在企业的数字化转型进程中发挥着不容小觑的作用。

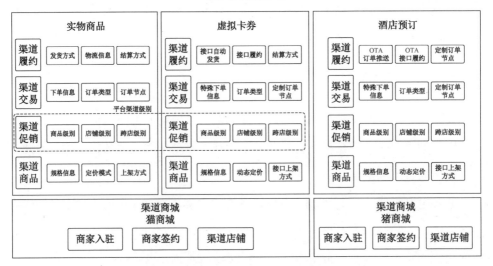

图 7-6　业务中台构建示例图

7.3　如何加强中台建设

中台建设是一个循序渐进的过程。企业应该制定科学、合理的中台建设战略和体系，扎实中台基础，打造高效率、高标准的中台，为企业数字化转型赋能加码。

7.3.1　建设中台的三大原则

在中台炙手可热的趋势下，企业都在想方设法加强中台建设。企业要想在数字化转型道路上获得稳固的数据、技术、业务支撑，就需要加快中台建设，并采取正确的策略建设中台，以提升企业的数字化竞争力。企业在建设中台的过程中应遵循以下原则，如图 7-7 所示。

1. 业务决策优先原则

通常，中台战略会改变企业的业务形态，企业的业务部门也因此需要围绕自身的发展战略，对业务决策进行调整。在明确中台规划及中台与业务之间的协作关系后，企业就可以利用中台支撑前台的业务发展。如果企业在建设中台的过程中，严格遵循业务决策优先的原则，那么企业的业务诉求就可以在中台中得到满足，这将显著降低中台的价值风险。

图 7-7　中台建设的 3 项原则

2. 战略举措优先原则

企业将建设中台提升到战略举措的高度，这意味着企业需要打通业务部门与技术部门的决策通道，同时还要明确各项问题的处理优先级及构建中台的职能分工。在明确了战略方向后，企业还要定期对战略目标的完成情况进行核实。

3. 赋能优先原则

在企业建设中台的过程中，降低运营成本和提升响应能力之间存在不可调和的矛盾，企业很难同时满足这两种需求。在将业务流程中台化后，企业就可以利用中台为业务赋能，从而找到这两种需求之间的最佳平衡点。

当企业将中台的建设工作提升到战略高度后，中台就不再只是一个成本中心。业务决策优先及强化赋能的思路，也会使企业的关注重点从是否显著降低运营成本、是否使用多项数字技术等表层问题，转移到业务收益的提升、业务结构的优化等深层次问题上。

许多企业都曾尝试建设中台，但由于并未遵守科学合理的原则，导致中台形同虚设。因此，企业应该按照原则和规律建设中台，以最大化地发挥中台的作用，为企业数字化转型持续赋能。

7.3.2 数字化时代流行双中台战略

数字化时代，很多企业都采取双中台战略。其中，以业务中台为中心、以数据中台为基础，是很多企业采取的双中台战略模式。下面以地产企业 Y 企业为例，详细解读双中台战略。

Y 企业是一家主营房地产开发的地产企业。为加快推进企业的数字化转型进程，响应数字化时代房地产市场的新需求，Y 企业着力打造智慧交易模式，并建立起智慧交易的强大支柱——双中台。

Y 企业与中台服务商云徙合作建立了业务中台的五大中心，分别是用户中心、产品中心、交易中心、营销中心和客户中心。用户中心主要负责用户管理、组织管理、权限管理和角色管理；产品中心主要通过对项目和房源的监控，为开盘期业务和常销期业务赋能；交易中心以项目交易为核心，为认筹、认购等交易环节赋能；营销中心主要负责营销活动策划、执行和推广；客户中心的主要作用是客户资料管理和客户关系维护。

在业务中台的基础上，Y 企业围绕数据服务（DS）与数据分析（DA）两大模块建立数据中台，主要有以下 5 个步骤，如图 7-8 所示。

1. 打通内部数据

Y 企业通过内部数据的打通奠定企业内部各系统数据分析的基础。针对客户和项目在不同业态、不同系统下的数据存在歧义的情况，Y 企业采用项目映射和 OneID 打通项目数据和客户数据，构建全面的数据服务。此外，Y 企业采集企业内部各系统的数据，围绕业务构建项目、渠道、客户、营销、订单和工单 6 大主题域，为后续数据挖掘和专题分析奠定了坚实的基础。

2. 构建数据模型

Y 企业通过构建数据模型分析企业风险指数和销售力。Y 企业利用数据挖掘算法，构建风险指数和销售力两大模型，为风险管控和企业营销提供精准的数据服务。其中，风险指数模型基于订单风险、异常行为等维度来评估销售人员的风险情况，从而辅助风控、监察等相关人员进行科学的风险管控；销售力模型从储客、转化、跟客和合规情况 4 个维度出发，辅助企业进行销售战略优化。

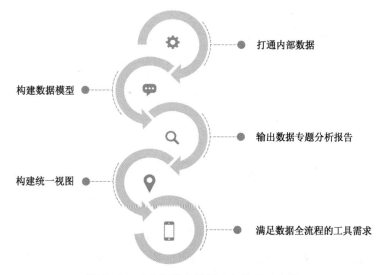

图 7-8　Y 企业建立数据中台的 5 个步骤

3. 输出数据专题分析报告

Y 企业输出数据专题分析报告，以辅助业务人员进行查询、分析和汇报。Y企业根据地产分析、营销月报等专题报告，挖掘成交用户的特征和潜在用户的购买意向，帮助业务人员进行业绩汇报和数据分析。

4. 构建统一视图

Y 企业基于项目、客户、经纪人和置业顾问 4 类对象构建统一视图，洞察各类对象的现状和问题，为各业务系统提供数据支撑。

5. 满足数据全流程的工具需求

Y 企业为项目开发人员和业务人员提供数据开发、网关、OneID、埋点工具和标签平台等数据工具，满足从数据采集到应用的多种工具需求。

基于双中台的打造，Y 企业的智慧交易取得了显著的成果，在数字化转型中实现了跨越式的自我突破。双中台是地产企业数字化建设的重要手段，地产企业需要在保留核心业务的基础上运用好数字化技术，灵活多变，顺应数字化时代的发展。

7.3.3 解读爱驰汽车的中台战略

爱驰汽车（以下简称"爱驰"）是一家国际知名的新能源智能汽车企业。面对数字化时代用户需求的不断升级，爱驰着力加强中台建设，用中台战略推进企业的数字化转型。

爱驰的中台主要负责技术体系的集中支撑，爱驰建设中台的着眼点在于对现有业务链和未来新业务模式的支撑。爱驰按照中台规划同步建设各个层次的系统，各系统各司其职，共同发挥出数字化效能。

爱驰组建了专属的中台建设团队，该团队的首要任务是完善企业大数据平台，使中台不断满足持续迭代的业务需求，提供不同的数据服务能力。爱驰的中台是其信息化架构的枢纽，如果没有中台，爱驰很难及时交付部分系统，其对部分关键业务的支持力度会有所减小，甚至延误投产时间。此外，爱驰的中台在架构上提升了爱驰的技术扩展能力，使爱驰具备应对未来业务需求多变的能力。

中台建设是爱驰实现数字化发展的重要举措之一。爱驰通过中台不断提升业务效能，朝着数字化和智能化的方向持续发展。

下篇

数字化转型落地场景

第 **8** 章

组织转型：敏捷与灵活响应是重点

组织是资源的集合体，是支撑企业数字化转型的关键。良好的组织能够更好地实现企业各种资源的充分整合，满足企业数字化转型的需要。企业从组织构架、组织文化和组织领导力等方面出发，打造一个敏捷、灵活的组织，以适应数字化时代的需要。

8.1 数字化时代的组织变革

数字化时代，企业需要打造组织的核心竞争力，重视组织在数字化转型中发挥的关键作用。组织的数字化转型不是一蹴而就的，企业要逐步构建起稳固的组织架构，充分发挥团队的力量，打造出适合数字化发展之路的组织。

8.1.1 科层制组织 VS 生态型组织

数字化转型包括组织的转型，组织思维对数字化转型企业来说十分重要。传统的科层制组织逐渐无法满足企业数字化转型的需要，在这种情况下，企业需要加快组织迭代，向更灵活、敏捷的组织形态转型。

在科层制组织中，一线业务人员没有决策权，虽然他们掌握着最多数据，但不能灵活地响应客户诉求，任何决策方案都要层层审批，而每一次信息传递都会导致部分数据丢失，最上层的决策者只能接触最少的数据，却需要做最重要的决策，因此企业的决策风险非常高。在传统的科层制组织中，决策权掌握在高层级别的人手中，最了解客户诉求的人拥有的权力反而最小，企业无法做到以客户为中心，其本质还是以权力为中心。下面是科层制组织的示例图，如图 8-1 所示。

图 8-1　科层制组织

为了满足组织的开放性需求，生态型组织逐渐兴起。生态型组织是一种开放式的组织模式，每个人都是生态体系中的一员，都在为组织生态的发展贡献自己的力量。

例如，滴滴出行的共享出行平台就是一个生态型组织。在这个平台上，专车、快车司机构成了一个组织，都为平台提供服务，为平台代言。但他们与平台之间不是雇佣关系，而是一种合约关系。司机进入组织后，会签署一份协议，其中包括市场规则、法律规则和伦理道德等。组织内有竞争，但更多的是合作，这类似于创造了一个大环境，只有大家共同维护这个环境，才能实现共同发展，否则就可能破坏这个生态体系。

生态型组织需要一个运营商。在滴滴出行的平台中，滴滴公司是运营商，它制定规则和标准，对生态内部的活动进行监控，并收取服务费用于促进生态体系的发展。生态型组织已经超越了传统企业的定义，它更加开放，可以提供多种服务，是未来企业组织发展的大趋势。下面是生态型组织的示例图，如图 8-2 所示。

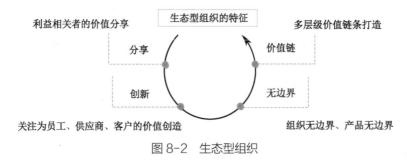

图 8-2　生态型组织

从传统组织再到生态型组织，企业的组织架构越来越灵活，权力的作用被逐渐弱化，产品、客户、需求成为中心，而这也是企业数字化转型的重要目的。

8.1.2　团队成为最小作战单元

在数字化转型过程中，企业要重视团队的力量。将团队作为最小的作战单元，能够使企业获得较高的安全防护。企业应加强团队意识的培养，凝聚数字化转型的内部力量。

敏捷型组织一般采用分布式的网状结构和扁平化的管理，其中的最小作战单元是团队。团队由跨职能的员工个体构成，每个团队的员工个体需要对项目团队负责。加强团队协作能够助力企业更好地实现业务流程和信息数据的公开、共享和透明。

敏捷型组织的团队考核指标以团队绩效为主，不会过分强调员工个体的业绩。因此，员工与团队的目标是一致的，员工会自发提高自身产出效率，进而提高团队的绩效。团队与团队之间会自然而然地形成竞争关系，而竞争促进了组织的良性发展。

　　团队作为组织的最小作战单元，兼顾业务交付和组织发展两种责任。敏捷型团队主要有以下 4 种类型，如图 8-3 所示。

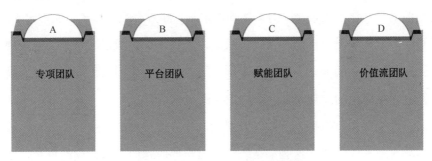

图 8-3　敏捷型团队的 4 种类型

　　（1）专项团队。专项团队主要负责构建和维护系统中严重依赖专业知识技能的子系统。专项团队的成员大多是相关领域的专家，他们的存在大大降低了其他以产品为导向的团队的认知负荷。

　　（2）平台团队。平台团队负责向项目开发团队提供自服务的 API（应用程序编程接口）、各种支持和服务，如各类基础设施平台、基础设施代码化的云原生相关平台等。

　　（3）赋能团队。赋能团队主要由特定领域的技术专家组成，负责为价值流团队赋能，提供其所需要的工具和技术等。

　　（4）价值流团队。价值流团队是能够实现端到端交付任务的团队，无须将部分工作交由其他团队处理。它是匹配业务领域和工作能力的可流动性团队，拥有完善的业务流程体系。

　　加强团队的协作，将每个小团队作为企业组织转型的发力点，能够帮助企业凝聚更强大的组织力量，为企业的数字化转型增添战斗力。

8.1.3　打造稳固的三角型架构

　　业务、技术和团队是构建敏捷型组织的三角型架构的要素。只有三者相互对齐、相互支撑、相互促进，才能够形成稳定的组织闭环。三角型架构能够助力敏捷型组织持续、稳定、健康地发展。

敏捷型组织在成长过程中会不可避免地遇到很多阻碍，例如，组织内部缺乏生机型的组织文化，缺乏合理的柔性管理措施，导致组织内风气不正、效率低下；业务与团队之间缺乏分层的项目管理机制，项目人员构成混乱，难以推进项目进度；团队与技术之间缺乏无缝的体验感，技术与业务之间缺乏理想的协作模式。这些都会影响组织的成功转型，影响组织的正常运转。

而三角型架构可以有效解决以上问题，业务与技术的融合、技术对团队的赋能、团队对业务的管理，这些都是敏捷型组织形成稳固三角架构的重点。如果要修复断点，企业就必须意识到团队是最小的作战单元，能够保障组织具备最基础的灵活性和敏捷性。

组织要构建跨职能的团队，而非单一职能部门。跨职能团队能够有效缩短产品交付周期，提高业务流程的透明度。同时，敏捷组织的团队是面向数字化产品与业务价值的团队，是一个长期存在的稳定团队。如果为每一个项目都组建团队，那么成本势必会大大增加。因此，组织只需要面向特定的领域组建长期稳定的团队即可。而其他领域的项目，可以从人员充足的团队中临时抽调人手组建团队，由于有着前期的磨合，此时组建的跨职能团队的协作效率也会大大提高。

8.1.4　数字化办公提升组织效率

2023 年 3 月 14 日，OpenAI 发布了 ChatGPT 新语言模型 GPT-4。GPT-4 一夜之间打响了 AI 桌面革命，其接入了微软 Office 应用平台，将大幅提升企业办公效率。

无论是 Excel、Word、PPT，还是 Microsoft Viva、Power Platform、Outlook、Teams，都得到了 GPT-4 的加持。Copilot 是 GPT-4 的代表型应用，借助该软件，办公人员只需要通过简单的自然语言和通用界面，便可轻松玩转 AI 办公。以下是 Copilot 在各个办公软件中的具体应用。

1. Word

办公人员可以利用 Copilot 修改文件、做总结。Copilot 能够帮助办公人员创建文档的初稿，办公人员能够根据自身需要从组织中调入信息。Copilot 支持办公人员自由选择语音和语气，可以是专业的、热情的，也可以是直白的。同时，Copilot 还可以纠正文稿错误，提升文稿水平。在使用的过程中，办公人员可以输入以下命令和提示来生成文稿：

（1）根据提纲（创作者提供的提纲）起草一页草稿。

（2）更改文稿语句和语气，使语音更加简明，语气更加亲切。

（3）根据电子表格（创作者提供的电子表格）的数据，撰写一份项目建议书。

2. PPT

办公人员可以利用 Copilot 做出一整套页面美观、布局合理的 PPT 文档。在使用 PPT 的过程中，办公人员只需要单击 Copilot，Copilot 便能够根据办公人员上传的 Word 文件来生成一份完整的 PPT。办公人员还可以使用自然语言命令重新编排文本、调整布局、设置 PPT 的播放时间。

3. Excel

Copilot 在几秒之内便可以帮助办公人员生成一份清晰的表格，并且处理好表格中的数据。Copilot 还能够根据表格中的数据实时创建基于 SWOT 的分析，同时也可以创建出各种数据透视表。Copilot 还可以挖掘表格中各项数据之间的关联，并根据数据分析制订假设方案，最终生成新的数据模型。

4. Outlook

在使用 Outlook 时，Copilot 可以帮助办公人员编写邮件。办公人员只需要起个邮件开头，输入几个关键词，Copilot 就可以自动补充完整，并对文字进行润色。此外，Copilot 还能够自动整合、分析并模仿邮箱中历史邮件的语言和语气。例如，办公人员可以输入以下指令：

（1）起草一份回复，表达感谢并询问事项细节。

（2）压缩邮件内容，并提升语言的专业性。

（3）邀请员工参加下周一的新品发布活动，并标注会提供午餐。

5. Teams

Teams 能够帮助办公人员实时总结项目进展，提醒办公人员执行任务。同时，在会议中，Teams 还能够自动转录会议内容，并在规定时间内提醒办公人员完成。例如，在使用 Teams 的过程中，会议主持者可以在系统中发出以下指令：

（1）总结一下"我"在会议中主持的内容。"我"提出了哪些观点？"我们"在各个观点上产生了哪些分歧？

（2）会议做出了哪些决定？针对这些决定的行动如何展开？

（3）为会议中讨论的问题和解决措施建立一个表格。

GPT 还在不断升级中，其将取代人类 80% 以上的工作。人类曾设想的休闲和按需分配的社会，在新技术快速演进的过程中将会提前到来。

8.2 构建数字化文化氛围

文化氛围是企业的经营与发展风格，也是构成员工工作环境的重要元素。文化氛围对员工和整个企业的发展都有着潜移默化的影响，因此，企业要重视文化氛围的作用，营造符合企业数字化转型发展目标的数字化文化氛围。

8.2.1 开放、自由的文化更适合数字化时代

经济是文化的基础，文化反作用于经济。在数字化时代，开放、自由的文化更适合数字化经济的发展。文化是企业数字化转型的软实力，开放、自由的文化能够促进高价值信息和资源的传播，帮助企业更好地凝聚员工力量，充分发挥员工价值。

企业可以通过实践社区发展开放、自由的企业文化。在实践社区内，企业可以定期举办社区交流大会。在交流会议上，每位员工都可以提出自己的见解，吸

取别人的优秀经验，实现自身的成长。这样持续的主题研讨会议，不仅可以活跃小团队内的文化氛围，还可以在一定程度上改善企业面临的人才流失、客户服务效率低和风险把控难等问题，优化企业管理。

除了召开交流会议与主题研讨会议，企业还可以定期举办兼有娱乐性质的创新设计大赛，宣传并推动创新思维，促使员工学习新技术，激发组织活力与创新力。而企业内部的一套培养人才的完整闭环，可以对种子人才进行针对性的培养，如敏捷教练、数字化产品经理等。这些都能够增强企业开放、自由的文化浓度，吸引更多年轻、优秀的人才加入企业的数字化转型进程中。

在开放、自由的数字化时代，企业不仅要吸纳优秀的外国文化为我所用，还要注意继承和发扬我国优秀的传统文化，从而将我国优秀的文化传统与先进的现代管理思想相结合，提升企业的竞争力。

8.2.2　数字化文化打通部门墙

数字化文化是企业经营与发展的重要软实力，是对企业信息和资源的高效利用，是企业实现高效沟通、高效管理的有效途径。数字化文化能够在一定程度上打通企业的部门墙，促动企业信息和资源的快速传递。企业可以从以下几个方面建设数字化文化，打通部门墙，如图8-4所示。

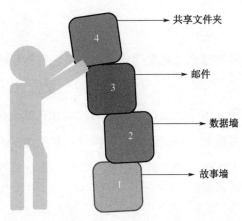

图8-4　建设数字化文化、打通部门墙的途径

1. 故事墙

故事墙通常分为计划、开发、测试和完成 4 个主要部分，适合产品研发部门使用。产品的每项需求以卡片形式进行展示，卡片的位置越高，代表该需求的优先级越高。企业通过梳理产品需求，能够更好地了解项目发展进度。

除了开发进度这种一目了然的信息，企业通过故事墙也可以了解一些隐性信息。例如，如果计划区的卡片较少，则说明产品的需求数量和更新速度出现问题，需要由产品策划部门进行补充；当某项需求长期未被解决，则说明出现技术瓶颈，需要与有关部门进行沟通。

2. 数据墙

数据墙是企业打造数字化文化的重要体现。数据墙适合产品运营部门使用，它可以反映产品运营状态的参数，如日新增、日活跃等。运营部门也可以根据产品类型或产品所处阶段决定参数类型。

数据墙以参数、日期作为核心维度，可以绘制折线图反映数据的发展趋势，并绘制出目标量，以方便观察目标的完成情况。数据墙可以培养员工关注产品数据的习惯，并增强其数据分析能力。在运营过程中，企业也要将新发现的关键参数在数据墙上进行展示，并补充改版前后这些数据的表现，这样可以帮助企业更好地了解产品改进的突破点。

3. 邮件

很多企业都将邮件渗透进企业数字化文化打造的进程中，因为邮件通常不会给对方造成较强的干扰，同时又可以及时送达，所以非常适合用来共享重要信息，如会议的记录和总结等。但邮件的提醒性较弱，因此在发送邮件后，发送人还需要通过即时通信工具提醒对方查阅。企业可以给同种类型的邮件设置统一的主题格式。这样，员工就可以快速地将邮件归类，从而加快邮件处理速度。

4. 共享文件夹

共享模式常常体现在企业的数字化文化中，共享文件夹适合存放那些占存储空间很大，或者不方便在线上进行修改的文件。这类文件平时不常用，但需要时又很难迅速传输，因此可以存储在共享文件夹中，方便各部门随时取用。

在实际使用中，企业可以综合运用这些协作工具，降低数据共享的时间及资源成本，从而推动数字化转型进程，全面提升各个部门之间的沟通效率。

8.2.3　人才联盟加速文化转型进程

以数字化人才为核心的人才联盟是企业人才战略的体现。建设人才联盟更有利于企业在数字化转型进程中完善自己的人才培养体系，推动企业数字化转型。

企业若想打造一个完善的数字化人才联盟，首先，要在企业内部统一数字化的共识。因为不同岗位的员工对数字化的理解不一样，对应该在什么时候开展数字化的认知也是不一样的。例如，产品经理、管理者和工程师，他们对于数字化的侧重点是不同的。而数字化转型是一个长期的过程，在这个过程中还需要给予员工新的认知。企业需要与员工在数字化转型的认知上达成一致意见，让员工主动参与到数字化转型中，不断自我提升。

其次，企业需要明确自己需要什么样的人才。企业需要结合业务痛点和用户需求，优先培养稀缺人才。例如，缺少产品经理就要对员工进行有针对性的产品规划和管理培养，缺少工程师就要对员工进行针对工程系统开发、设计、维护方向的培养，而缺少管理者就要对员工进行人际关系和综合能力的培养。

当然，无论是技术人才、业务人才或是管理人才，在数字化推进的过程中，都需要了解数字化服务管理实践，如 VeriSM 和 ITIL、学习设计思维与精益 Lean Startup 等。企业要确保培养出的数字化人才了解数字化运行的标准。无论培养哪方面的人才，落脚点都是通过数字化对企业进行赋能。

最后，要推动人才落地与组织建设。只有培训是远远不够的，市场环境复杂多变，员工通过培训所获得的知识技能需要在实战中不断演练，否则只是纸上谈兵。企业可以通过将实际项目或业务场景与员工培训所学知识建立关联，使知识体系与实际业务产生真实连接。这样才能够将数字化文化植入公司每位员工的心中，才能推动组织的平稳运转。

当然，企业需要尽可能做到理解数字化、推动数字化和实践数字化。企业不要担心员工搞砸业务而不敢放手让员工去做，或者认为人才培养成本过高而草草走个形式，这些都是没有意义的形式主义，万万不可取。

企业需要明白，构建数字化人才联盟的最终目的是推动企业的数字化转型。传统的企业培训是学 Excel、演讲，或者学习某个敏捷体系。而数字化人才培养的目的是实现企业的数字化，让数字化为企业赋能。企业对数字化转型人才的培养是要使一群人拥有统一的想法，使他们摒弃旧思想，拥抱新思维。这是变革转型的过程，同样也是人才与企业共同进化的过程。

8.3 获取数字化领导力的方法

现如今，数字化力量正在不断颠覆和冲击企业领导者的传统认知。面对汹涌而来的数字化浪潮，企业如何步步为营，制定能够掌控先机的商业决策？可以说，提升企业领导者的数字化领导力对于企业来说尤为重要。

8.3.1 使命、愿景和价值观必须贴合战略

要想形成强大的数字领导力，企业就需要基于发展战略建立正确的使命、愿景和价值观。使命能够在无形中起到指挥作用，愿景是企业不断向上发展的目标和动力，价值观能够更好地凝聚企业力量。

企业使命是企业存在和发展的基本信念和行为准则，也是企业生存的定位和发展的目的。企业的使命反映了企业为自己树立的形象，如"我们是一个成就数字化科技的企业""我们是一个专攻数字化服务的企业"。企业的使命是对企业存在意义的高度概括，因此，企业在数字化转型过程中，要形成符合数字化战略的基本使命，以更好地贯彻企业的数字化发展战略，便于管理层更好地领导企业的

发展。

　　企业若想顺利推进数字化转型，企业员工需要具备统一的目标愿景。组织的数字化商业愿景既是大数据时代组织业务战略的基础，也是组织商业战略的重要组成部分。近年来，越来越多的学者认为，企业陷入组织危机的主要原因是组织缺乏共享愿景。因为具有吸引力、目的清晰的共享愿景是组织成长和自我管理的基础。

　　共享愿景可以提高组织效能，扩大绩效评估范围。具有共享愿景的企业，其收益率和员工整体素质水平都较高，因此投资人在投资时更偏向具有愿景的企业。同时，共享愿景还能为企业制定发展战略提供基础，防范组织危机，凝聚企业内部人心。共享愿景还可以促进组织改革，是使传统集权式组织转型为柔性管理组织的关键。一个有吸引力、切实可行的共享愿景能够为组织带来很多有想法、有能力的员工，并带领全体组织员工和管理者　同朝着既定目标努力。

　　企业价值观是企业在追求经营目标时所推崇的信念。价值观贯穿于企业生产、经营的全过程，是企业管理者领导企业员工的抽象文化。企业的价值观需要匹配企业的发展战略、经营模式和员工的基本观念。只有获得员工充分认可的企业价值观，才能够更好地凝聚企业内部力量。

　　使命、愿景和价值观作为企业的抽象文化，是企业战略在文化方面的体现。只有积极向上的使命、愿景和价值观，才能够更好地汇聚企业管理者的领导力，使企业内部的步伐更加整齐。

8.3.2　创造力和强大心理素质必不可少

　　要想形成强大的领导力，在数字化转型进程中更好地发挥带头作用，企业的领导者不仅要具备敏锐的创造力，还要具备强大的心理素质。

　　创造力是一种将新奇想法转化为现实事物的能力，是数字化时代综合思维的组成部分之一。富有创造力的领导能够挖掘更新颖的数字化商业理念，尤其在科技领域，创造力能够促使领导者更好地领导企业的科技创新与进步。同时，富有创造力的领导者也更具启发性，他们往往能够打造出具有远见卓识的业务经营模式，挖掘企业价值新的增长点。

除了创造力，强大的心理素质对于数字化时代的领导者来说也至关重要。经营企业很难，企业数字化转型更难。在数字化转型的浪潮中，成功转型的企业只占少数，并且这些少数成功的企业往往经历了诸多挫折和磨难。因此，领导者在企业的数字化转型进程中需要具备一定的危机感和坚韧的意志，否则，很难承受数字化冲击带来的压力。

数字化转型的进程中充满不确定因素，企业的数字化转型相当于要离开企业经营的舒适区。在这样的过程中，企业内部人员必然会产生诸多不适应，这就需要领导者拥有敢于同企业内部的老旧思想作斗争的雄心壮志。数字化转型对领导者心理素质的要求较高。

8.3.3　私人董事会将成为最佳助力

私人董事会即将一群背景相似的企业家聚在一起，大家通过"照镜子"或相互提议的方式，对企业问题进行科学决策。私人董事会如何发挥作用？

私人董事会的主要功能就是提升企业家的领导力，一个功能强大的私人董事会通常由 12 个人左右组成。私人董事会往往没有特定的主讲者，每一个成员都可以针对一个问题从不同的角度展开提问。在经过多轮思维碰撞后，企业的核心问题逐渐显现。

私人董事会好比健身房，提升领导力的过程是有压力的"运动"，需要"健身者"亲自操练。但在这个过程中，如果"教练"或者其他的一些朋友能够为"健身者"提供一些科学辅导或者建议，就可以使"健身者"更快地达成目标。私人董事会融合了"教练"、培训和咨询 3 种方法论，不仅是有效发展企业领导力的重要途径，还是企业中的一种新型学习方式。私人董事会强调挑战性提问和经验分享，并强调知行合一、学以致用，进而提升企业领导者的领导力。

私人董事会采用自由讨论的流程，让董事会成员围绕一个问题充分展开讨论。

提问的过程就好比剥洋葱，一个好问题就好似一把锋利的小刀，通过不断剥掉洋葱的外皮，触达最深层次的问题。

　　在数字化转型中，企业要利用好私人董事会，不断挖掘企业在数字化转型进程中面临的核心问题，帮助领导者不断提升数字化领导力。

第 **9** 章

财税转型：提升财税管理水平

数字化时代，财税转型不是企业数字化转型的选做题，而是关乎企业能否转型成功的必做题。推进财税的数字化转型有利于企业强化自身的抗风险能力，助力企业更好地提升财税运营效率，助力企业实现财务管理的数字化、精细化和科学化。

9.1 用数字化财税迎接数字化时代

只有加强财税的数字化转型，企业才能更好地拥抱数字化时代。财税数字化是企业提升财税数据质量和运营效率的关键措施，能够更好地赋能企业的财税管理，更好地支撑企业数字化转型决策。

9.1.1 财税为什么要数字化转型

在数字化转型的过程中，企业的财税往来会越来越频繁，财税工作量越来越大，这会给企业经营造成不小的压力。因此，数字化转型企业需要高效的财税运行模式，财税数字化转型迫在眉睫。

企业要想在数字化浪潮中突出重围，财税的数字化转型至关重要。传统的财税工作模式虽然能够维持企业财税业务的平稳运行，但已经无法与当代企业的数字化转型战略深度融合。财税转型有利于解决企业面临的一些现实问题，例如，企业的管理层级复杂而导致的业务运营成本居高不下；财税审批分权不够明确导致企业经营的灵活性较差等。实施财税数字化有利于加强企业财税的管控力度，提高资金使用效率，降低融资成本，推进企业业务的整体发展和企业战略的加快实施。

首先，传统的财税核算的基础是企业已经发生的业务，财税分析多是基于历史经验，导致财税工作的预见性不足，难以支撑企业的未来发展。同时，财税部门的业务相对独立，长期从事报表、报销的业务容易导致财税部门过于封闭，导致逐渐脱离整体业务的发展。

其次，传统的财税管理模式较为分散，难以产生集约效应，导致财税管理成本高且效率低。因此，推进财税数字化转型对于企业的整体发展至关重要。

实现财税的数字化转型，也是企业整体数字化转型的突破口。因为财务系统中存储了企业的业务、管理、经营和决策的大量核心数据，而数字化是由核心数据驱动的。企业数据中台通过重塑管财边界、业财边界，打造企业数据共享中心，连接企业内外部系统，开展即时在线的自动化核算。财税数字化与企业各项具体业务的数字化结合，进行实时、敏捷的财税分析、预算管理、经营决策和风险管控，可以最大限度地发挥企业数据价值，有效推进企业数字化转型。

9.1.2 难点分析：数字化财税面临何种挑战

很多企业都意识到财税数字化转型的重要性，然而，财税的数字化转型是一个漫长的征程，这需要企业做好充足的准备。财税数字化转型的过程中存在以下3个挑战，如图9-1所示。

图 9-1　数字化财税面临的 3 个挑战

1. 缺乏整体规划

大多数企业对数字化转型缺乏清晰的认知，只将数字化转型看作对一些与企业相关的数据信息进行加工。这导致企业无法成功实现数字化转型，也就无法打造数字化财税。打造数字化财税是一个系统性的工程，需要企业对未来有一个整体性的规划，绘制一个精细的数字化转型蓝图。

2. 业务与财税融合程度低

目前，很多企业都没有财税数字化系统，这导致企业财税信息的共享程度很低，企业的业务与财税不能很好地融合。同时，因为企业各个部门的标准不一致，并且也没有完善的信息管理系统，所以企业的财税信息不能及时反馈给业务部门。在这两个原因的共同影响下，企业的业务与财税的融合程度很低。

3. 缺乏数字化人才

目前，不少企业的财税人员数字化方面的知识结构不健全。在处理财税数据时，企业财税人员不能有效分辨出哪些数据是有用的，哪些数据是没用的，这导致数据分析和数据提取的意义不大，不能对企业发展做出有效的指导。企业只有吸纳更多的数字化财税人才，才能推动企业更快地打造数字化财税。

企业在打造数字化财税的过程中，应该具体问题具体分析，逐一突破打造数字化财税的难点。企业应根据发展情况及时调整财税数字化转型策略，以数字化财税推动企业整体数字化转型尽快实现。

9.1.3　如何正确地走数字化财税之路

财税的数字化转型之路的前途是光明的，但道路可能不是一帆风顺的。因此，企业要制定科学合理的财税数字化转型决策，构建完善的财税数字化转型框架。企业财税的数字化转型可以从以下 3 个维度展开，如图 9-2 所示。

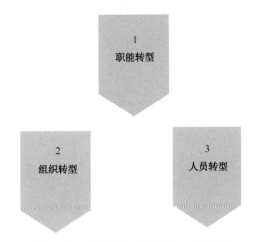

图 9-2　财税数字化转型的 3 个维度

1．职能转型

企业应重新调整财税关系，重新定义财税职能的内涵。数字化转型下企业财税的职能主要有三个：一是财税应该为企业的决策管理、战略目标提供数据支撑；二是财税人员应作为企业业务管理者的伙伴，助力业务管理效率的提升；三是财税应高效完成核算工作，保证财税信息质量。

2．组织转型

企业应构建以共享财税为基础、战略财税为引领、业务财税为主体的财税组织模式。企业应通过战略财税与业务财税延伸管理会计职能，通过共享财税呈现新的核算结果，维护交易处理和管理控制层面的财税活动。

3．人员转型

企业应重新确定财税人员标准，培养财税人员数字化能力，为财税数字化转型提供人才保障。同时，企业应培养战略型财税人员，并使这一类人员在财税组织中居于主导地位，从而支撑企业的财税决策。业务型财税人员是人员部署战略中的主体，这一类人员主要专注于促进企业的业务发展。共享型财税人员通过提供财税核算专业化服务来推进财税核算业务的标准化和智能化。

企业应制定财税部门的转型战略和目标，努力挖掘财税部门的价值。企业做好财税转型工作能够使财税管理模式更规范。

9.2 数字化时代的共享式财税

数字化时代，共享模式将迎来更加广阔的发展空间。共享是财税数字化转型的重要方向，也是数字化财税的主要发展模式。企业应积极搭建财税共享平台，以共享模式推动企业财税数字化转型。

9.2.1 数字化财税的共享趋势

财税共享模式是企业提升财税管理效率、提升企业整体经济效益的重要方式。企业借助财税管理政策的支持，竭力打造共享财税模型，助力企业加快财税数字化转型进程。共享财税已经成为企业财税数字化转型的重要途径，而财税共享的发展过程也是循序渐进的，以下是财税共享的发展趋势，如图 9-3 所示。

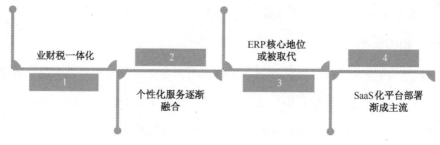

图 9-3　财税共享的 4 个发展趋势

1. 业财税一体化

随着财税管理智能化、精细化的发展，企业财税管理逐步与采购、数据、营销等业务领域融合，发挥数据处理和业务管控的职能。同时，在业财税融合的过程中，财税系统能够沉淀大量数据，为企业业务发展提供更有力的支撑。

2. 个性化服务逐渐融合

财税共享多数以实现标准化业务为主要目标。但随着业务对象的不断变化，标准化的服务已难以支撑多业务形态的发展。因此，财税共享逐渐从标准化服务向个性化服务发展。

3. ERP 核心地位或被取代

随着财税共享的深入发展，ERP 面向前台的核心地位将逐渐被弱化，或将转变为后台财税核算平台。以数字化技术为核心的业财税共享平台，将成为企业下一代核心系统平台。

4. SaaS 化平台部署渐成主流

随着数字化技术的应用，信息云部署平台越来越普遍，部分业务的 SaaS 化与本地部署相结合，逐渐演变出 SaaS 化部署新模式。随着交易对象协同能力的不断提升，本地部署的弊端逐渐显露，企业需要通过财税共享平台在线上与交易对象协同进行交易处理，新型 SaaS 化平台部署将成为推动财税共享的主要模式。

随着数字化技术在各业务中的广泛应用，企业应该把握时代发展趋势，主动了解财税共享中心建设要点，寻找适合自身的财税转型实施路径，将提升数字化共享技术水平作为财税转型的关键着力点。

9.2.2　树立现代化财税思维

企业的财税人员需要摆脱传统的财税思维模式，调整对财税工作的认知结构，拓宽视野。企业的财税思维要跟随时代的发展而不断进步，现代化的财税思维更有利于加快企业的数字化变革。现代化财税思维主要有 5 种，如图 9-4 所示。

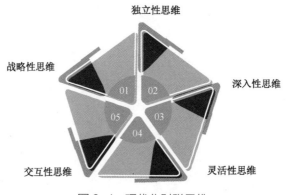

图 9-4　现代化财税思维

1. 战略性思维

财税人员首先需要具备的现代化财税思维是战略性思维。不同的财税人员站在不同的角度思考问题，透过现象看本质，用现代化思维推测未来财税发展方向。同时，财税人员应用立体的战略思维看待问题，由单维思维向多维思维转变，由个体思维向宏观思维转变。树立战略性思维需要财税人员不断地审视现在已存在或未来将会产生的经济现象，用前瞻性的眼光处理相关财税工作。

2. 独立性思维

财税人员在融合各方面的资料和信息时仍要保持独立思考的能力。财税人员不可以直接照搬社会层面或者财税界的通用理论。财税人员需要对公认的传统思维理论综合分析、独立思考，找出其中的本质和规律，确定现代化财税的发展方向。

3. 深入性思维

财税人员的思维需要由浅显的表面思维向深层次的本质思维转变，这往往是一个长期的过程。财税人员应该通过财税发展现象看本质，从某一个问题入手进行深入性思考，逐渐向财税问题的核心靠拢，找出财税问题的内在逻辑。

4. 灵活性思维

财税人员的业务水平受限于自身财税专业技能，但专业技能在财税管理工作中只起到基础性的作用，具体的操作方法还需要财税人员根据实际情况灵活变通。除了财税领域，财税人员也可以跨领域找到适用且实用的工具来更高效地处理财税问题，具备多角度、灵活处理财税问题的能力。

5. 交互性思维

财税人员所要完成的目标只是企业总目标的一部分。财税人员在完成自己工作的同时应当注意配合其他业务的发展，使财税管理成为企业总目标的支点，实现杠杆效应。

现代化的财税思维能够促进企业现代化经营目标更好地实现，提升企业现代化经营水平。企业财税人员需要具备更高的思维高度，及时调整状态、转变思路，以适应现代化经济下的企业发展的战略规划。

9.2.3　必备武器：财税共享平台

财税共享平台作为数字化时代的新型财税平台，能够更好地实现企业各部门财税数据的融合与连接，以改变传统财务数据与业务数据不贯通的现象，进而实现企业税务信息的一体化管控。财税共享平台是企业财税数字化转型的有力武器，企业应从以下3个方面搭建财务共性平台，如图9-5所示。

图9-5　搭建财务共享平台的3个方面

1. 流程设计

流程设计是财税共享平台平稳运行的前提。如果没有合理、规划的业务流程设计，很难充分实现财税共享平台的功能和价值。例如，某企业的财税共享平台将不同的业务模块分批次进行调试，在平台上线前夕才发现没有设置现金支付渠道，导致财税共享平台的功能无法覆盖全部业务流程。因此，企业可以设置专门的流程设计团队，负责新业务的流程设计与测试，并持续对业务流程进行完善和优化。

2. 平台衔接

财税共享平台与其他平台的衔接情况影响财税共享平台的运作效率。财税共享平台能够集成多套财税系统，为其他业务部门提供统一的处理平台。如果财税共享平台能够将这些系统进行高效连接，在一定程度上就能够减少共享平台的整体工作量，提升整个业务流程的运作效率。因此，在明确财税共享平台的整体业务流程后，企业应该从平台的整体架构出发，确认各系统、各平台之间的连接方式与信息传递模式，提升共享平台的整体运行效率。

3. 数字技术

数字技术是实现财税共享的基础。随着数字技术的发展，机器学习、嵌入式分析、OCR 识别等技术使财税系统越来越智能。如今，在人工智能技术的支持下，财税系统的人机互动功能升级。财税系统可以直接接收管理人员的语音指令，并在后台将其转换为计算机语言，回应管理人员的需求。

财税共享平台能够将重复性较强的财税工作进行结构化处理，并对业务数据进行记录与传输，为各个部门提供可视化的财税分析报告，让数据为财税赋能加码。

9.3 财税变革为数字化转型赋能

财税变革的道路充满了机遇和挑战，企业要积极拥抱财税变革，重视财税变革对推动企业数字化转型的积极作用。同时，企业也应该通过财税变革提升财税入账效率，加强税金管理，充分利用 OCR、电子发票等关键财税管理工具。

9.3.1　加快构建财税无纸化能力

财、票、税、档是构建财税无纸化能力的4个方面，基于这4个方面的财税无纸化能够快速构建企业财税管理的能力，助力企业数字化转型的全面实现。对于企业来说，发票是会计核算财税的主要依据，是财务收支的重要凭证，也是税务机关、审计机关审核、查验企业财税运营的重要依据。电子会计档案、电子签名、金税四期等是财税无纸化的重要发展。

税务无纸化在一定程度上能够规避企业的税务风险，提高税务管理水平，提高企业整体财税运营效率。档案电子化是财税无纸化的关键步骤，企业应在档案收集、保管、采集、整理、调阅等方面加快构建无纸化能力，严格落实档案安全性、可用性、真实性、完整性的检测，保证档案安全，助力企业更好地实现财税管理的降本增效。

财、票、税、档的无纸化能力能够更好地构建财税无纸化的闭环，是企业构建财税数字化能力的关键要素。加快构建财、票、税、档的无纸化有利于财税无纸化在企业更加平稳的实施，进而推进企业财税数字化转型进程。

9.3.2　税金管理的数字化转型

随着智慧税务税金管理模式逐步渗透进各大企业，税金管理的方式也变得丰富多样。数字化税金管理解决了企业薪税难规划、难统计、难处理等问题，极大地提升了企业税金管理效率，为企业财税数字化转型赋能加码。金税四期于2023年1月1日上线，于6月1日正式启动，标志着国家财税管控模式的数字化升级进入全面监控的新阶段。

财税管理模式在不断变革的过程中逐步实现了全面信息化、数字化。税金管理模式的系统对接、管理流程的深度融合、信用体系的深度建设成为财税数字化变革重点。在税金管理模式的变革过程中，多证合一、反洗钱、大额现金管理办法、大额可疑交易报告制度、反逃税监管机制等一系列政策落地，使企业与金融、工商等主体实现了进一步的互联互通。

税金管理模式借助大数据、区块链等技术，对企业经营情况、业务情况、票据和资金的合规性等内容进行全周期、多维度的管理。同时，税务机关也竭力帮助企业梳理内控指标、税源指标，从而降低税金管理的成本与风险。

财税的数字化转型领域，资深的学者专家和企业都在探索中。目前行业已经上线的 AI 业财税智能检测系统，企业只需提供近 2～3 年的财报税报，该系统就可在一分钟产生企业的财务分析管理和业财税检测的详细报告，对企业各项数据进行分析，提示企业经营管理上的风险点，实现企业自查自纠。以往这样的财税竞调工作需要花费财税团队几天的时间来完成，AI 财务管理分析和业财税智能检测系统提质增效降本显著。上海和全国数字化财税管理作为财税转型的重要组成部分，帮助企业快速实现业财税一体化。企业应紧跟数字化税务管理模式的发展趋势，尽快建立数字化财税管理体系，从而提升企业的业务运营效率和财税风险管控的能力。

9.3.3　必备工具：OCR 扫描+电子发票

OCR（光学字符识别）能够通过对文本资料的精细化扫描、分析和处理快速获取并识别文字，极大地提升了财税人员的工作效率。例如，在发票的处理上，OCR 不仅能分辨不同种类的发票，还可以自动识别票面数据，帮助财税人员更好地提取发票信息。OCR 也因此被广泛应用于财税管理领域。

如何管理发票是很多企业的财税人员苦恼的问题，财税人员需要整理发票，录入发票甚至还需要查验发票真伪，整个过程非常烦琐。而企业使用 OCR 技术，只需要对着发票轻轻扫描就可以得到发票信息。

OCR 能够自动对财税发票进行分类，自动归纳发票类型。同时，OCR 能够将发票上的文字信息提取出来，自动形成发票代码，识别发票金额等。当形成发票信息汇总后，OCR 能够自动对发票进行检查，识别发票问题，保障发票的真实性和有效性。

　　同时，财税人员也不需要再担心出现纸质发票丢失或损毁等问题，OCR 扫描之后直接会保存在电子设备上。而且 OCR 使用的是数字化技术，每一张已报销的发票都会有记录，避免了同一张发票被重复报销的问题。

　　例如，上海电气集团为了实现发票的 OCR 扫描，与译图智讯公司达成合作，共同打造财税数据管理系统。上海电气集团是一家工业制造集团，旗下一共有 200 多家分公司，财税人员人工处理发票需要耗费的时间很长，成本很高，效率却很低。在这次合作中，译图智讯将帮助上海电气集团解决这一难题。译图智讯提供的 ORC 自动识别技术能够批量处理发票上的信息，减少了人工的处理时间，提高了财税部门的工作效率。OCR 扫描流程图如图 9-6 所示。

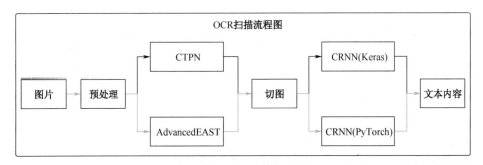

图 9-6　OCR 扫描流程图

　　所以，企业使用 OCR 扫描技术将纸质发票转变为电子发票，使税务信息数字化，助力企业税务的数字化转型。

第 ❿ 章

采购转型：将交易放在阳光下

数字化时代，面对广阔的市场发展前景，进行数字化采购已是大势所趋，企业需要借助数字化模式和技术革新采购管理，实现采购环节的数字化，用数字化采购赋能企业的数字化转型之路。

10.1 传统采购 VS 数字化采购

数字化的发展对传统供应链产生了一定程度的冲击。对于采购环节来说，传统采购模式带来的成本高、效率低的问题越来越明显。而这时，采购的数字化转型对于企业来说尤为重要。

10.1.1 传统采购面临巨大困境

企业信息化网络化和数字化的改进，传统采购模式逐渐暴露出诸多问题，这不仅给企业的采购业务带来了一定的风险，更给企业的整体利益带来了相应的损失。以下是传统采购模式存在的 4 个主要问题，如图 10-1 所示。

信息不对称　　　　　　　　质量控制难度大

需求响应能力弱　　　　　　缺乏战略性合作意识

图 10-1　传统采购模式存在的 4 个主要问题

1. 信息不对称

传统采购过程相当于信息不对称博弈的过程。在传统采购过程中，选择供应商是首要任务。采购方在选择供应商时，往往隐瞒一些私有信息，以降低供应商的竞争筹码，这对采购方来说是十分不利的事情。同时，在供应商的相互竞争中，供应商也会倾向于保留一些自己的私有信息，这使采购方和供应商之间不能进行更有效的信息交流和沟通。这就是信息不对称博弈的过程。

2. 质量控制难度大

在传统采购模式中，货品的质量控制难度较大。质量是采购方在采购货品时考虑的关键要素。但在传统的采购模式中，采购方很难参与供应商的有关质量控制流程或生产组织过程，这导致采购方和供应商之间的很多流程是不透明的。这种缺乏合作的采购流程使物品质量难以得到有效控制。一旦发现不合格物品，即使在采购方验货时能够检验出来，也会损伤企业的经济利益。

3. 缺乏战略性合作意识

在传统的采购模式中，很多采购方会将供应商看作为竞争对手，这相当于一种"零和竞争"模式。在这样的模式下，供需双方之间的合作关系往往是短暂的、临时性的，且竞争多于合作。这为采购流程增添了很多不确定性，导致供需双方很容易产生纠纷和矛盾，进而浪费双方的时间成本。

4. 需求响应能力弱

由于供需双方相互之间缺乏及时、准确的信息反馈，当市场需求发生变化时，采购合同也难以变更，采购方如果想要重新订货则需要增加谈判流程。供需双方缺乏需求及时响应的能力。

传统采购模式决策信息量不足、业务处理手段滞后且管理不科学，这在一定程度上制约了企业的整体发展。采购模式转型任务迫在眉睫，很多企业开始发掘数字化采购的魅力。

10.1.2　数字化采购释放魅力

由于传统采购模式存在的大量的库存问题、时效问题等，已经无法支撑数字化时代经济模式的发展。因此，越来越多的企业开始将焦点放在采购的数字化和智能化上。

采购环节的数字化管理，能够以数字技术整合企业传统供应商及对接外部电商资源，使相关员工能够以 C 端的消费习惯来完成 B 端的原料采购，使采购环节更加轻松便捷。在采购过程中，企业管理者也能够运用数字化管理系统对整个流程进行实时监控与数据分析，更好地把控采购支出，以此来降低企业的原料采购成本。

同时，采购环节的数字化管理还能够为企业构建自身的一站式资源库，通过数字化技术实现对原材料价格、供应商等的一键评估筛选，并且能够智能分析合同的条款并自动进行风险评估。

作为一家专注于电子产品与智能硬件研发、智能家居生态链建设的公司，近年来，小米从未停下探索与创新的脚步，发展速度惊人。小米在发展过程中始终坚持对于开发信息技术的投入，不断打造自身专属的技术创新体系，坚定不移地推进自身的数字化转型升级。

在高速发展的同时，小米也拥有着较为复杂的供应链，传统的依靠人力资源进行采购的方式已经不再适应小米当前发展的脚步。于是，小米启动了"易购"

数字化采购支出管理项目，通过与支付宝的合作构建起柔性化的数字化采购管理体系。

该体系基于支付宝采购管理 SaaS 系统架构方面的优秀拓展性及开放性，无缝对接小米内部 ERP、OA、财务等企业管理系统。同时，该体系通过数字化采购管理 SaaS 服务，实现了采购全流程线上管理，大幅提高小米集团采购环节的工作效率及业务合规性，降低了其运营和管理成本，全面助力企业管理数字化转型。

数字化采购通过数字化手段实现了对原料采购成本和采购运营成本更好的控制，极大节省了企业在数字化转型进程中所需耗费的成本。同时，数字化采购的全流程线上管理促使采购流程加快流转，进一步提升了企业采购环节的自动化程度，助力企业打造便捷、高效的数字化采购模式。

10.2　数字化时代的新型采购模式

数字化时代的发展催生了众多新型采购模式，其中主要包括集中采购、共享采购和协同采购。这些新型采购模式具有不同的数字化价值，能够为企业的数字化转型提供强大赋能。

10.2.1　集中采购助力采购转型

集中采购是数字化采购的重要模式。集中采购能够助力企业搭建更好的采购供应基地，避免采购环节中的竞争与冲突。集中采购有助于采购方与供应商更好的合作，以提高企业的采购效率，降低企业的采购成本。接下来重点论述集中采购的订单管理模式。

集中采购的订单管理模式是企业站在供应链管理全局角度，针对集中采购框架协议期内具体采购需求的订单实施的管理方式。该模式涵盖框架协议内下单、多供应商快速询单、收发货管理、订单对账及履约评价等具体环节。结合集中采购标的的特点、框架协议的形式，集中采购订单管理模式在应用过程中主要包含以下 3 种情形。

情形一：单一供应商、供货量固定、单价或者总价固定的集采协议。

通过公开采购形成集中采购协议后，适用协议的企业根据生产或经营需要执行具体采购行为。此时，企业不需要就具体采购需求多次和供应商签署采购合同，只需要以订单形式将需求下发给供应商。供应商收到订单后即可准备交付，并按照框架协议确定的单价计算该批次订单的实际结算金额，在完成交货后与采购人进行结算。此种情形多适用于需求明晰、技术标准通用、供给较为充足的物资类集中采购的履约管理。

情形二：多个供应商、单价固定、供货量不定的框架协议。

企业需要通过邀请协议供应商名单内的供应商进行方案竞争，而后根据竞争结果确定实际供应商。在形成购货订单或服务订单后，供应商根据订单中确定的供货数量或服务方案实际履约，并按照框架协议确定的固定单价计算实际结算金额，在完成交货或者服务后与企业进行结算。此种情形多适用于需求量大但无法提前确定技术或服务标准、供给较为充足的物资类或服务类集中采购的履约管理。

情形三：多个供应商、单价不定、交期不定、供货量不定的框架协议。

企业需要通过邀请协议供应商名单内的供应商进行方案、价格竞争后确定实际供应商。在形成具体的购货订单或服务订单之后，供应商根据订单中确定的供货数量或服务方案实际履约，并按照邀请采购竞争确定的价格计算该笔订单的结算金额，在完成交货或者服务后与企业进行结算。此种情形多适用于需求不确定、技术或服务方案需要定制或价格受行情波动影响较大的物资类或服务类集中采购的履约管理。

集中采购订单模式是企业由采购管理向供应链管理过渡的一种探索，初步看来可以帮助企业实现集中采购总成本的降低，让集中采购为企业真正创造价值，从而助力企业在数字化转型的道路上脱颖而出。

10.2.2　共享采购推动资源交换

共享采购是数字化时代催生的一种社会化采购模式。共享采购模式可以实现原料供需匹配的最优化，帮助企业以较低的成本享受优质资源和采购服务。

原材料价格上涨使企业陷入采购困境，同时，由于传统的采购模式中缺乏有效的信息交流，导致企业的谈判议价能力和抵御风险能力远远不足以适应数字化时代供应链的发展。因此，企业亟须摆脱原有采购模式，提升采购风险防控能力。

随着数字技术的发展，企业的采购模式逐渐转变为面向社会的数字化采购模式，共享成为数字化采购模式的重要特征之一。数字技术能够将线上信息与线下采购流程有机结合，使企业更快地接入全球性的资源和服务，以最低的成本获得最佳的共享采购服务。这种共享模式可以是企业与各部门之间的共享，也可以是企业与企业之间的共享。

共享采购模式实现了采购资源的合理分配，极大地提升了采购工作的质量和效率，帮助企业降低采购风险，并推动了社会资源便捷、快速流通。从目前供应链的发展形势来看，未来将会有更多企业使用共享采购模式，实现数字化采购。

10.2.3　协同采购重塑伙伴关系

协同采购能够更及时地响应用户需求，降低库存成本。在协同采购中，企业不仅需要完善好企业内部的协同采购机制，更要注重与外部供应商加强信息交流，形成良好的合作伙伴关系。

1. 内部协同

内部协同需要人才和组织架构的支持。战略协作采购涉及交货期、货物质量和采购流程维护等事项，这要求采购人员和企业各部门能够进行充分、有效的合作。因此，企业要注重采购人员和采购组织的培养与建设。

企业应将采购的组织架构覆盖整个采购环节，设立首席采购官，使采购组织能够与生产部门、财务部门和销售部门进行充分的协调和互动。同时，采购模式应从被动响应向主动协作转变，采购职能应从事务性工作向专业性工作转变。

2. 外部协同

在外部资源管理上，企业可以和供应商建立合作伙伴关系，并对供应商提供教育培训和信息反馈，提升供应商的供货效率和质量。企业也可以参与供应商的产品设计流程，建立层次丰富的供应商网络，以加强企业的外部资源管理。

此外，企业可以搭建协作采购管理平台。企业应以数字技术作为协作采购的支撑，利用企业管理平台实现协作采购。首先，企业可以通过协作采购管理平台进行采购预测。企业将所期望的服务水平和产品效果提供给供应商，供应商可以将其所能提供的服务反馈给企业。其次，企业可以进行库存信息的协作。企业可以及时将物料库存情况反馈给供应商，增强供应商对上游企业的可视性，从而提高供应商的交货效率。再次，企业可以进行采购计划的协作。企业可以将采购计划传达给上游供应商，供应商根据企业采购计划安排合理的生产。最后，企业可以进行产品设计的协作。企业在进行新产品的研发时，可以将新产品的零部件需求及时传达给供应商，以确保供应商能够在第一时间给企业供货。

协同采购在一定程度上重塑了企业与供应商之间的合作伙伴关系。为了企业能够更好地与供应商相互配合，企业应该依托数字技术和平台加强与供应商的实时交流与互动，以畅通并优化企业的采购流程。

10.3 企业如何实现采购数字化转型

现如今，为了抓住数字化时代的发展机遇，顺应数字化转型的需要，很多企业都开始紧抓采购环节的数字化转型。受制于业务属性、数字化基础能力和企业管理模式，采购的数字化转型通常是一个大工程。

10.3.1　采购数字化转型的路径

自 2013 年起，已有很多企业开始探索采购数字化转型，在这方面央国企在国资委的引导下，有一部分企业走在了前面，在和这些企业学习交流后，能够大致看出企业在采购数字化转型方面通常会开展以下几方面工作。

1. 确定采购管理模式是采购数字化转型的前提

观察央国企在采购数字化转型的实践，他们首先做的事情是确定符合自身业务需要、满足经营管控要求的采购管理模式。例如，有的单一产业企业，基于自 20 世纪八九十年代建立的贯穿企业各级公司的采购管理组织，包括分散型采购管理模式、集中型采购管理模式、品类型采购管理模式、功能型采购管理模式等。有的综合型多元化企业，从集团战略出发建立涵盖风险管控、综合服务和管理赋能的采购管理模式，总部只负责制定采购管理政策、方向，下属企业结合不同业态制定符合自身特点的采购管理策略，一方面确保采购管理要求的统一，另一方面保障采购管理效果的实现。

2. 坚持将依法合规作为采购数字化转型的基础

几乎所有企业的采购管理人员都将依法合规作为采购管理的重中之重，在采购数字化转型的道路上，无论开发何种数字化工具、应用何种数字化平台，其实都是建立在依法合规基础上的。通过总结大多数企业的做法，可以看到它们有如下共同阶段：

（1）建立完善的采购管理制度、组织体系。无论是开展采购数字化还是之前的采购线上化，起初各个企业都要制定采购管理制度，对各类采购行为、采购管理活动提出基本的要求。同时搭建贯穿企业各级组织的采购管理团队，无论是专职人员还是兼职人员都肩负一定的采购执行、采购管理职责，从而保障采购管理制度、政策和要求的实现。

（2）建立统一的数字化交易平台。企业通过借助信息化手段将传统的招投标活动迁移至网络上，从而实现采购的线上化。以招投标活动为例，传统的招、投、开、评、定环节都实现了线上化，数据也就在网络上沉淀了下来，成为数字化的基础。在这个阶段，各企业通过统一的数字化交易平台实现了采购工作的规范化、标准化和可视化。

（3）借助信息化手段实现合规管控。当企业实现了采购的信息化以后，就开始了数字化转型的初级历程。例如，大多数企业在采购信息化基础上，将采购制度、政策和要求等嵌入到系统中，通过设置系统规则实现对相关风险的管控；还有的企业借助信息化工具实现对文件、清单的结构化，在合规基础上开展相关数据分析，开始采购智能化的探索。

3. 开始从管流程转向管数据

传统的采购管理强调以流程形式实现对采购活动的规范管控，但数字化时代必将发生根本性的转变。众所周知，数据是数字化时代的基础性战略资源，当采购信息化发展到一定程度后，势必要把更多的精力转向对采购数据资源的关注。采购的信息化是将采购活动中的各类数据记录、采集起来，是积累数据的过程。过去十年已经将采购的全流程，主要包括立项、信息发布、预审、备标、开标、评标、定标、终止、结束等过程产生的数据实现了提取并在系统中记录，当数据积累到一定程度，便可以开展基于数据的分析，数据将成为企业重要的生产资料，因此对数据的管理和运用将是企业间差异的体现。

当然，在上述工作的同时隐含着更为重要的一个方面，那就是采购管理的变革，无论数字化工具如何先进，都离不开企业在采购管理方面的理念更新。现代企业对于采购管理的理念必须改变传统的项目式思维、库存式思维，要转变为供应链管理的全局思维，从传统的关注质量、价格、交货期转变为对供应链全域的价值关注，采购管理应该转变为供应链管理，这样才能真正理解什么是采购数字化转型。

10.3.2 照明行业的数字化高效采购模式

以照明行业采购模式的数字化转型为例。伴随科学技术的不断创新和升级，照明行业陷入了更加激烈的市场竞争环境。基于此，数字化、智能化成为照明行业应对竞争的主要趋势。照明行业借助数商云在数字化采购的集中采购领域深耕，致力于提升采购流程的敏捷性和高效性。以下是照明行业集中采购模式的两个具体表现，如图 10-2 所示。

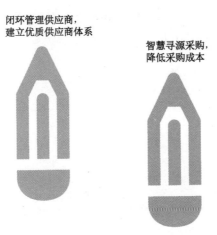

图 10-2　照明行业集中采购模式的两个具体表现

1. 闭环管理供应商，建立优质供应商体系

在供应商准入上，照明行业的集中采购管理系统支持供应商自主申请注册，管理员能够通过数字化集中采购平台对供应商的申请和信息进行维护。同时，集中采购系统能够根据货品的品类建立行业考核模块，并基于资质管理和绩效模型，自动核算供应商绩效，对供应商进行差异化管理。此外，照明行业在集中采购系统上根据供应商绩效对供应商进行评判和筛选，对供应商存在的问题及时督促供应商整改。在对供应商的管理过程中，照明行业逐步建立供应商信用库，合理调整供应商配额。

2. 智慧寻源采购，降低采购成本

照明行业的集中采购系统具备在线询比价功能，该功能可以进行价格智能比对分析、密封报价、多轮询比价等。集中采购系统能够轻松应对询比价的复杂流程，帮助采购方与供应商形成高效协同的模式。同时，集中采购系统可以自动记

录和存储照明企业招投标流程中的各种附件信息，使招投标过程更便于企业后期查询和分析。此外，集中采购系统支持供应商之间相互竞价，并能够记录竞价历史，实时了解竞价动态，查看价格趋势。

照明行业采购的数字化转型帮助其拓展了照明行业的业务界限，抓住了数字化时代发展的新机遇，打造了成本低、协同度高的高效产业链，为照明行业的数字化转型提供了强大的内驱动力。

第 ⑪ 章

制造转型：加速传统行业创新

生产和制造是传统行业创造价值的主要环节。传统的制造模式已经无法适应数字经济的发展模式，加快生产路径创新、推动生产模式变单、打造数字化无人工厂是传统行业在数字化转型进程中的主流发展道路。目前，制造业领域数字化转型的佼佼者，如美的电器、海尔智能、小米、华为等的经验都是可以借鉴参考的。

11.1 制造转型之生产路径创新

创新生产路径是制造转型的关键。数字化时代的生产应一切以用户为中心，借助大数据、人工智能等关键数字技术赋能产品的设计与研发，进而提升生产的精准性，构建完善的生产价值链。

11.1.1 通过大数据设计与研发产品

进入定制化时代，用户和产品的数据越来越繁杂，企业独自处理数据很难使数据得到合理利用。因此，企业应利用大数据帮助企业高效处理、分析数据，助力企业精准研发与决策。在产品设计与研发上，企业对大数据的利用主要体现在以下两个方面，如图 11-1 所示。

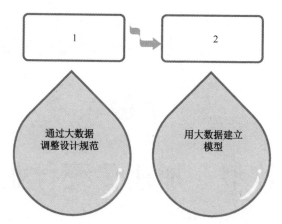

图 11-1　通过大数据设计与研发产品的两个方面

1. 通过大数据调整设计规范

过去，设计师会根据市场调查的结论，或者以往的相关记录，直接将某一类人群作为目标进行设计；现在，设计师可以通过大数据采集用户数据，包括用户年龄、职业、消费等级、浏览行为等，使企业能够更加精准地找到产品的目标用户，针对用户特征制订并调整设计方案。

2. 用大数据建立模型

企业在研发产品时往往需要建立产品模型，而大数据能够为企业提供模型建立规范，提升产品模型的标准化。通过大数据建立的产品模型往往更加符合用户和市场需求。

随着数字化时代的不断发展，大数据已经成为提升产品设计与研发精准度的重要手段，大数据为企业提供了更加精准、便捷的数据服务，推进了企业的制造转型进程。

11.1.2　新路径：从用户到产品

制造的转型始终是以用户为核心的，用户需求是引领制造转型的旗帜。在数字化时代，企业需要围绕用户需求及时调整生产工序和工艺，给用户做定制化产品。

传统制造企业的生产存在两方面的问题，一是无法精准掌控生产管理过程，次品产出概率较高；二是无法掌握生产方式和技术动态，生产成本普遍偏高。作为家电制造业中的头部企业，美的在生产方面积极顺应数字经济潮流，探索数字化转型的新路径，对接市场、增强生产、降本增效成为美的在生产转型方面专注的问题。

基于此，美的加强市场需求的精准对接，打造以用户需求为主导的生产新路径。同时，美的加快引进国内外先进企业的智能设备和生产技术，用技术创新提升企业生产效能。美的加大对数字技术的研发投入，用大数据技术推动家电产品生产路径的创新和升级，实现家电生产的数字化变革。在这样的模式下，美的能够快速地响应用户需求，生产出适销对路的产品。

在精准掌握用户需求后，美的紧抓生产方面的数字化升级，高效、高质量地优化产品工序和工艺。美的利用数字化技术开发了家电的柔性制造模式，对企业生产的各个流程进行数字化赋能，提高企业的生产能力和水平，进而提升企业整体生产绩效。

在柔性生产方面，美的借助大数据平台将大量的生产工艺参数连接起来，用 SCADA（智能监测系统）和 MES（制造执行系统）将机台跟平台连接起来。使机台和产线都能够灵活运行和调整。数字化系统的建立帮助美的规避了大量工人操作误差。同时，美的也大量采用一些 AI 技术去进行产品工艺的判断和产品质检，柔性制造模式极大地提升了美的的生产质量。

美的建立了强大的数据孪生能力，能够实时获取大量透明数据。此外，美的基于大数据平台进行生产的预测性工作，以预测生产过程中可能会存在的异常。在生产监管方面，美的开发了数字找人模式。例如，当工厂无法确定班组长的位置和工作状态时，美的的生产监管系统会自动向班组长的数字手表发送信号。这样的运作模式极大地确保了美的生产流程的稳定性。

美的将数字技术融入企业的生产路径创新中，极大地提升了企业的生产效率和生产质量，帮助美的节省了大量的生产成本，创造了更加丰厚的收益，为美的的全面数字化转型升级奠定了坚实的基础。

11.1.3　整合与优化生产价值链

在制造转型的过程中，企业要想创新生产路径，就需要不断提高生产性能，加快构建适应数字化时代发展的生产价值链。

以模具制造企业生产价值链的整合与创新为例，数字化创新优化是生产价值链整合的有效措施。模具制造企业通过将数字技术融入机械加工，优化加工前置与后置作业，进而提升机器加工效率和机器设备的利用率。数字技术的融入使模具生产环节更加智能化，极大地降低了模具企业的生产成本，提升了企业的整体产能。

模具制造企业生产环节的数字化整合、创新措施主要包括组合放电、成型试模自动化优化、CNC 加工零件程式串联、局部加工的集中化、机外校正提升加工效率、机电气一体化和电极检测自动化等。

模具制造企业通过生产价值链的整合和优化大幅缩短了模具生产周期，降低了模具生产成本，进而降低了模具制造企业的生产经营风险，实现了生产价值链的整体优化。

11.2　制造转型之生产模式变革

生产模式变革是制造转型任务的重中之重。数字技术的发展和升级推动了传统生产模式的加快变革。企业应加快引进自动化生产线，打造高效、精益、自适应的生产模式。

11.2.1 引进自动化生产线，提升生产效率

自动化生产线的引进推动了制造的数字化转型。自动化生产线上的产品设计和工艺更加稳定，能够在短时间内达到足够大的产量。自动化生产线的引进极大地提升了劳动生产率，改善了劳动条件，降低了企业的生产成本。引进自动化生产线是企业实现制造转型的重要途径。自动化生产线涉及多种技术领域，各技术领域之间紧密相连，共同为自动化生产贡献力量。以下是自动化生产线的四大技术领域，如图 11-2 所示。

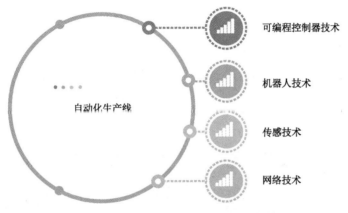

图 11-2　自动化生产线的四大技术领域

1. 可编程控制器技术

可编程控制器技术是一种负责顺序控制、回路调节的技术。它具有定时、计数、记忆和算术运算等功能，不仅可以大规模控制开关量和模拟量，还能够完成精准的逻辑判断。同时，自动化生产线中可编程控制器替代了传统的顺序控制器，实现了更高效、精准的生产环节控制。

2. 机器人技术

随着人工智能技术的进步，机器人现已广泛应用于各大企业的生产线中，如机械手可以应用于负责装卸工件、定位夹紧、工序间的输送、加工余料的排除，包装等生产线。目前，智能生产线中的机器人不但具有运动操作功能，还具有视

觉、听觉、触觉等感官辨别能力，可以自主进行生产的部分决策。

3. 传感技术

传感技术指的是传感器的技术，它可以感知周围环境，如气体、光线、温湿度等，并把模拟信号转化成数字信号，传送给中央处理器处理。传感技术可以帮助企业实时追踪生产过程，并及时处理和识别生产过程中的问题，保证企业的高效生产。

4. 网络技术

网络技术的飞速发展，让自动化生产线中的各个控制单元得以构成一个协调运转的整体。5G 网络的高速率、低延时、大宽带等特点可以帮助工厂建立全要素感知体系，通过统一的智能管理平台，实现全流程管理。

自动化生产线的技术缩短了企业的生产周期，大大提升了企业的生产效率，为企业的生产均衡性提供了更好的保障。自动化生产线的引进不仅能够加快企业数字化制造转型，还能够为企业创造更多的经济效益。

11.2.2 360° 监控，精益化生产不是梦

制造转型促使了智能工厂的加快建立，智能工厂实现了全方位无死角的监控，完善了工厂作业的监督机制，使工厂生产更加精益化。以下是智能工厂监控工作的具体体现，如图 11-3 所示。

图 11-3 智能工厂的监控

1. 预警监控

传统生产过程中，往往是出现错误结果后再去处理。而在这里能够实现预警

功能，一旦预测到可能出现的错误，就在事情发生之前去处理。

2. 全面监控

智能工厂中各个环节之间相互配合才能创造社会价值，智能型的实时监控就可以对智能工厂这个复杂的混合体进行全方位掌握。当然，监控的难易程度有区别，例如，一般生产企业和高新技术企业（航空航天）对监控的要求就不一样，但相同点都是要全面监控，加强可视化，对信息源也要监控。

3. 灵活监控

智能生产的要求非常复杂，监控也处在动态波动中，灵活监控才能适应实际变化。

在传统工厂中，监控设备之间相互独立，很难及时准确获得任务信息，出现故障、物料短缺等问题时不能及时反馈，维护人员管理成本高。但在智能工厂里，实时监控可以依靠嵌入式视频服务器，对画面场景中的人或物进行识别、判断和处理，并在某些特定条件下产生预警。

在生产和产品日常运转中充分利用信息化技术，通过先进的监控手段对生产过程进行多维度管理，即使部分环节出现问题也可以立即处理而不是全面关停设备，这样既能保证工作效率又不耽误生产，一举两得。

11.2.3　加快实现自适应生产

在制造转型的过程中，自适应生产更善于企业从用户需求出发，使企业的生产模式能够更加灵活、敏捷地适应市场变化。

以全球知名企业制造服务商 DT（Divergent Technologies）的自适应生产系统 DAPS（Divergent）为例，DAPS 是一个完全集成的硬件和软件解决方案，它能够直面数字化经济和数字化环境的挑战，在复杂的结构下创建一个完整的数字化模块工厂。DAPS 的自适应功能结合了以人工智能技术为核心的生成式设计软件、自动化装配和增材制造功能，能够轻松构建轻型汽车车架和零部件。

DAPS 系统打造了汽车制造的数字化新模式。其通过将工厂拆分为多个小型的自动化生产单元，给汽车制造带来了离散化生产的想象空间。通过 DAPS 系统集成的汽车设计软件能够优化车型的重量，通过 DAPS 系统能够使汽车制造企业轻松实现零件的自主组装和 3D 打印，进而减少人工干预，节省汽车制造的时间。

通过 DAPS 自适应生产系统，汽车制造企业能够快速实现自定义汽车的设计和生产。DAPS 软件从材料安全性和空气动力学等多个角度优化汽车零部件的设计，并能够建立数据库为企业记录大量材料测试数据。

DAPS 的数字化、模块化、自动化为汽车制造企业打造了更加敏捷、高效的汽车制造模式，推动了传统汽车制造企业生产模式的快速变革。

11.3 制造转型之工厂无人化

工厂无人化是数字化制造模式的主要表现。打造无人工厂不是完全淘汰工人，而是减少可重复工种。在打造无人化工厂过程中，工业数据和机器人发挥着主要作用。

11.3.1 数字工厂是数字化时代的产物

相较于传统工厂，数字工厂帮助企业降低了人工成本，它的生产条件和生产效率都得到了极大的改善。数字工厂借助数字化和信息化技术，通过仿真、集成、控制、分析等手段，实现工厂的无人化生产和管控。

以犀牛工厂为例，犀牛工厂与盒马鲜生师出同门，以服装制造行业作为切入点，是阿里巴巴五新战略的重要组成部分。

犀牛工厂首次创造了数字印花技术，即将印花的参数利用投影技术进行定位，极大地提升了印花效率。这项技术帮助犀牛工厂将行业平均水平的订货流程由"1000 件起订，15 天交付"缩短为"100 件起订，7 天交付"，帮助中小型企业解决了供应链的问题。其 CEO 伍学刚表示，犀牛工厂致力于使中小型企业从繁重的生产制造中得到解放，增强其竞争优势，使它们可以专注于进行业务创新。

数字工厂是实现制造数字化、智能化的重要载体，它整合了企业的生产要素，提高了企业的生产水平，逐渐显现出其高精准、高稳定性的特征和优势。数字工厂是数字化时代的产物，它推动数字化时代不断向前发展。

11.3.2　充分利用工业大数据的价值

制造领域的业务问题比较复杂，需要具体问题具体分析，提出个性化的解决方案。对于信息基础薄弱的企业，可以着重进行数据基础建设，包括数据规划、数据标准制定等。

对于一些信息化程度较高的企业，可以着重进行数据运营、业务一体化等建设，将各类数据集成应用，进一步打通各环节，实现资源的最优配置。而工业大数据是企业充分挖掘数据价值，加快推进制造数字化转型的重要工具。

工业大数据是制造企业实现转型变革的关键技术，它通过促进数据的自动流动，来实现智能生产、精益管理、产品服务和协同创新，从而克服人工决策的不足，减少资源浪费。工业大数据的来源和应用环节都比较复杂，企业要想建立提高制造业务价值的全域数据体系，可以从以下几个方面着手，将生产制造数据整合到经营管理过程中。

（1）建立统一的数据标准，加快数据质量、数据治理等关键标准的制定，建立全行业数据规范。

（2）加强基于场景的数据的应用，让业务更加贴近用户，加速产业落地。

（3）整合数据共享。一是整合企业内部数据，横向打通多个业务系统，纵向打通工厂到集团，消除企业内部信息孤岛，促进业务一体化。二是整合企业、客户、上下游合作伙伴之间的数据，提升数据资源的价值。

工业大数据能够记录、汇总、分析企业在制造过程中产生的数据信息，并针对这些数据信息为企业提供科学合理的生产决策，工业大数据是推进企业制造转型的有力武器。

11.3.3 机器人在数字工厂中发挥巨大作用

机器人的应用推动了自动化、无人化生产的快速发展。目前，很多数字工厂已经逐渐引入机器人作业，并将大量简单、重复性的工作交给机器人完成。机械手臂是机器人领域中的典型设备。机械手臂一般由运动元件和导向装置组成。其中，运动元件的作用是驱动手臂运动，主要包括油缸、凸轮、齿条、汽缸等；导向装置的作用是承受由于产品重量所产生的弯曲和扭转，并引导手臂的运作方向。

机械手臂需要零部件的支撑，如冷却装置、自动检测装置、控制件、管路、油缸、行程定位装置和导向杆等。因此，手臂的工作范围、动作精度、结构和承载能力都会对机械手臂的性能产生很大影响，机器人在数字工厂中发挥的作用主要有以下两点，如图 11-4 所示。

图 11-4　机器人在数字工厂中发挥的主要作用

1. 作业的安全性

使用机器人以后，工人的工作安全性将会有较大提升，以前经常出现的工伤事故也会大幅度减少。在所有工作都由工人来承担的时代，即使是经验丰富的工人，也会因为设备故障、工作疏忽等情况而面临受伤的风险。

特别是在倒班制岗位上，工人很容易在晚上出现生理性疲劳，进而发生安全事故。如果采用机器人，不仅可以更好地保障工人的安全，还能够将工厂的损失降到最低，以维护工厂的稳定运行。

2. 流程的自动化

机器人的引进实现了工厂作业流程的自动化。当工厂引入机器人以后，工人不再需要承担所有的工作，而是只需要看管一个或多个机器人即可，这样要比之前轻松很多。另外，如果使机器人成为自动流水线，除了会让工人更加轻松，还可以节省一大部分场地，从而在很大程度上提升工厂的紧凑性和精致性。

总而言之，无论是在作业的质量及效率上，还是在作业安全性上，机器人都为工厂提供了更好的保障。机器人在不断集成自动化的数字工厂中，发挥着协调管理的作用。

11.3.4　感受菲利华的数字化无人工厂

数字化技术的不断进步催生数字化管理的无人工厂。以菲利华的数字化无人工厂为例，感受菲利华数字化无人工厂的数字化和智能化。

在菲利华的数字化无人工厂内，各种设备有序地忙碌着。车间内几乎没有工作人员的身影，只有叉车 AGV 来回穿梭，搬运、检测、入库等工序几乎都实现了自动化操作。车间内各工序衔接默契，井然有序。菲利华是如何实现这种数字化无人生产的？

起初，菲利华想要通过数字化生产的模式来提高生产效率并节省人力成本。实现生产线、机床和叉车 AGV 的三线联动是菲利华打造数字化无人工厂的第一步，也是关键的一步。三线联动即用自动化设备将产品加工、产品检测和运输这三道工序连接起来，实现生产过程自动化一气呵成。当采用三线联动后，车间每生产一个产品，系统都能够自动记录。当生产出来的产品达到预先设定的数量时，系统能够自动下达任务完成指令。这些原本需要由工作人员完成的作业过程，在菲利华的数字化无人工厂已经完全由机器替代。

在实现三线联动目标的过程中，叉车 AGV 采用自动导航系统来实现货物的自动化搬运，使货物能够更加灵活、高效的转运。工厂通过无线采集模块读取机床数据，借助物联网核心软件 WebAccess 和无线通信模块构建无线网络，整合工厂内的叉车 AGV，并将机床和叉车 AGV 的数据传输到中控计算机，实现机床和叉车 AGV 之间的实时联动。

在确保设备效率和稳定性方面，菲利华采用高质量的组态软件支持，有效整合复杂协议，解决了设备间信息闭塞的问题，使设备的网络更加稳定、高效，同时也保障了叉车 AGV 能够快速、准确地响应机床产线需求。

菲利华数字化无人工厂在实现三线联动后，极大地节省了车间作业的人力成本，提升了车间作业效率。同时，设备的数字化和全自动化减少了工作人员作业的误差，在一定程度上提升了企业的产品品质。菲利华的数字化无人工厂为企业创造了更高的生产效益。

11.3.5　比姆泰客的数字化绿色工厂解决方案

建筑业作为传统国民经济支柱产业，在轰轰烈烈发展了近 30 年后面临着行业的洗牌和转型升级。2021 年国务院办公厅印发的《关于促进建筑业持续健康发展的意见》指出建筑业转型升级要首先以绿色发展为核心，全面深入推动绿色建筑、装配式建筑、超低能耗被动式建筑发展等，以及推广绿色施工、综合管廊等实践。

长江精工钢构集团是国内外绿色建筑、装配式建筑、低能耗建筑的领头企业，建设的项目包括北京鸟巢、卡塔尔世界杯主会场等。比姆泰客信息科技（上海）有限公司是长江精工钢构（集团）下的专注于建筑业数字化管理的科技互联网公司，在建筑数字化领域已经积累了 1000 多个项目案例的经验，为客户企业提供 BIMTECH 项目全生命周期数字化解决方案，如图 11-5 所示。

数字化产品覆盖建筑设计、采购、制造、施工和运维等全链域环节，以 BIM 信息化管理系统为基础，通过应用场景的工具型产品为平台所有关联方实现智慧化系统的革新，打造绿色建筑全生命周期信息化管理平台。以"工具型 SaaS 产品+业务型 SaaS 化服务"，助力建筑业智慧化变革。

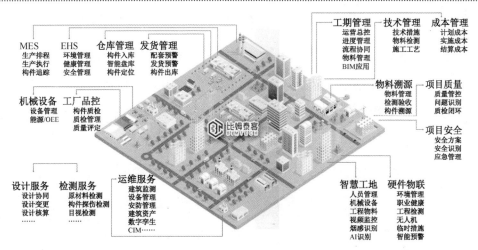

图 11-5 比姆泰客 BIMTECH 项目全生命周期数字化解决方案

企业在实施数字化过程中经常要面临很多挑战，以比姆泰客 2022 年 11 月刚完成的数字化工厂项目黑龙江省龙建龙桥钢结构有限公司为例，比姆泰客在建设该项目时需要克服的困难包括：

（1）环境管控难：车间环境复杂，管控难度大，工人作业存在风险。

（2）数据把控难：能源消耗仅依靠人工统计和分析，难以精确控制。

（3）信息共享难：信息传递依赖大量纸质表格，沟通效率低，管理成本高。

（4）设备监控难：无法实时掌握工厂设备运行情况，设备预警不及时，存在安全隐患。

（5）生产闭环难：发现生产质量问题难闭环，难以追溯整改。

以下是比姆泰客面对以上挑战的解决之道。

（1）助力龙建龙桥建设工业互联网平台，解决钢结构制造工艺中质量数据不贯通、质量管控不全面、质量缺陷回溯和验证难等问题。

（2）帮助企业在钢结构深化设计、生产、检验和运维等环节，形成全生命周期的质量问题动态识别、智能分析、科学决策的闭环解决方案。

（3）实现多业务数字化转型：物联集成、IT 与 OT 层数据融合、车间排产优化、复杂作业数据采集、生产过程监控、产品质量跟踪追溯、设备运维与诊断、能耗采集监控、环境实时监测等。

（4）全面应用数据业务化，利用数据实现效率提升、集约经营、有效决策；

（5）结合 AI 算法定制化训练和计算机视觉处理技术，通过生产指挥室看板，实现车间生产安全的实时监控与预警。多种数字技术并行，进一步实现车间智能化管理。

此外，比姆泰客还建立了数字化绿色工厂管理系统。如图 11-6 所示。

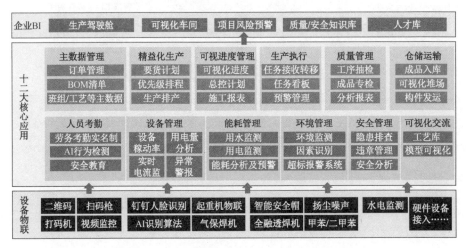

图 11-6　比姆泰客数字化绿色工厂管理系统

在设备物联方面，数字化车间通过对能源消耗的实时监测、监控、分析，有效地控制能源浪费情况，实现双碳绿色作业。对工厂加工设备起重机、CO2/MAG 焊机等，实时采集电流、电压、气体流量、焊机开关机状态等数据；对设备稼动率、设备电能消耗、运行情况进行实时分析，确保设备安全运行。有效避免发生安全事故，设备使用效率提高 30% 以上。

在环境监测方面，数字化车间加强监测项的全面性，提高监测方法的精准性，改进监测数据的及时性，增强监测设备的先进性，以保障环境监测的准确性和可靠性。通过将工厂的温度、湿度、噪声、扬尘（PM2.5、PM10）、TSP（总悬浮颗粒）、粉尘和有害气体等硬件监测设备接入系统后，工厂大屏看板能实时查看环境数据、风险实时预警，为工人安全生产保驾护航。

在管理监督方面，根据车间布局，在车间入口及车间高处配备智能监控并结合 AI 录像机，利用 AI 多种智能算法，自动识别安全隐患及人员违规行为，自动抓拍预警，将隐患信息及时推送给管理人员；危险源识别联动车间大屏和可视化看板，系统实时发出警告，从而节约 60% 人力成本，提高 75% 管理效能。

项目智慧生产系统通过全程一体化管理，从 BOM、工艺、预测、计划、订单、车间，到质检、计件、成本核算，实现信息 100% 共享，流程自动衔接，过程轻松把控。通过简易流程、中级流程、完整流程，全面满足生产流程所需，优化生产计划，协调生产工艺，优化工艺流程，加强质量控制，生产效率从而提升 30%。精细管控生产过程的每个环节。

项目完成数字化改造成果显著，整体提高 30% 的生产效率；通过系统对工人和物料在线监控，实现远程监控和操作，提高 75% 的管理效率；通过数据分析和人工智能技术，预测设备故障，避免因设备异常产生窝工现象，降低 15% 的生产成本。该项目最终成功通过黑龙江省工信厅认定，被列为黑龙江省 2022 年数字化示范车间。以下是比姆泰客的数字化工厂进阶图，如图 11-7 所示。

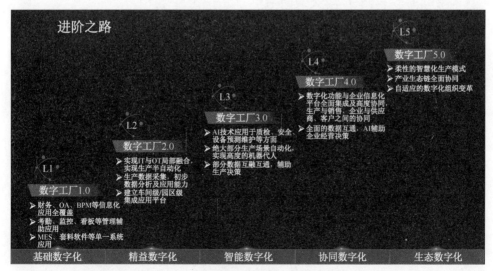

图 11-7　比姆泰客的数字化工厂进阶图

第 12 章

零售转型：轻松实现降本增效

社会经济环境的不断变革和发展，零售行业历经了从集贸式零售到连锁店零售，到电子商务式零售，再到智慧零售的发展阶段。智慧零售是零售行业向全渠道化发展的重要阶段，而数字化转型正是智慧零售的核心引擎。

12.1 零售转型关键点：产品+用户

产品和用户是零售转型的关键点。如何更快速地挖掘用户需求，为用户提供更加精准的产品和服务，是零售企业数字化转型的着力点。

12.1.1 用数据驱动运营

零售的数字化转型不是单纯的发展企业的线上零售渠道，而是企业通过数字技术、业务与管理的深度融合，围绕用户重构零售价值链的过程。零售的数字化转型需要企业逐步建立数据分析与利用的能力，驱动企业重塑效益增长模式。

数据驱动的全运营是零售转型的基本方向。首先，企业需要具备全局库存透明化、全链路营销、线上线下一体化运营等能力，并以此构建数据驱动的全运营，保障跨渠道、跨库存查询和调拨等流程的正常运转。其次，企业需要建立数据驱动的决策平台，实时监控商品动销，保障不同区域间的商品能够及时补货。最后，企业要注重捕捉和分析顾客数据，通过顾客在交易过程中产生的数据分析顾客需求，助力企业制订更加科学合理的商品供应决策。

零售数字化转型的核心在于数据、智能和连接，即企业连接设备、员工和顾客。企业利用运营过程中产生的数据能够更好地实现业务端的数据回流，并对在此过程中沉淀的海量数据进行加工处理，为前端业务应用提供数字化智能赋能。

12.1.2　为用户贴上行为标签

为用户行为贴标签能够帮助零售企业更好地了解用户需求，为用户提供精准的产品和服务。数字技术使用户的一切行为在企业面前可追溯，企业应该高效地利用用户数据，通过数据分析为用户贴上个性化标签。

企业可以利用大数据技术绘制完整清晰的用户画像，并通过标签体系对用户实行管理。根据不同用户的特征和需求进行有针对性的营销，可以让企业的零售运营更加精准高效，推进效益的快速转化。

用户标签是企业对用户进行特征判定的附加值，用户标签是用户特征体系的高度精练标识。企业可以利用大数据技术记录用户在互联网上留下的足迹和行为，主动搜集用户特征数据，最终将用户数据转化为商业价值。用户标签可以大致分为以下 3 类。

（1）人口属性。这一类标签相对稳定，标签体系也比较固定。

（2）兴趣属性。这类标签会随着时间的变化而变化，具有较强的时效性，标签体系相对不固定。

（3）地理属性。这一类标签的时效性跨度较大，常常在较短时间内就需要更新。

用户标签是用户信息的转化，零售企业应利用好用户标签的价值，不断挖掘用户需求，推出适销对路的产品，提升用户的满意度。

12.1.3 小米的爆款秘密

先利用爆品打开市场，再利用爆品建立认知。当用户对产品有了认知后才会更加认同品牌。当用户开始认可品牌，品牌才能够更好地拓展品类。小米的流量就是靠一款产品引爆的。小米能打造出爆品的原因之一就是小米抓住了数字化生产的关键。小米紧跟时代发展步伐和中国用户需求，以用户为中心，推动产品向数字化方向发展。

小米的创始团队中的人员大多出身于谷歌、微软、金山等老牌互联网企业，本身就有深厚的互联网背景，而当时的董事长雷军又有着极其敏锐的商业嗅觉，从一开始就决定了小米初创时期的核心产品不是智能手机这些硬件，而是先基于Android系统定制化，通过产品的迭代和优化，使小米满足当前中国用户的使用需求，最终开发出适合国人的手机操作系统——MIUI。而在这个过程中，为了更好地配合小米手机的使用，又逐步推出了一系列小米智能家电，全方位、多方面地满足用户的需求。这些都为后续小米产品的热销奠定了基础。

在品牌成立之初，小米并没有足够的资源去实现自己的整体设想。没有技术人员，没有资金支持，也就无法对MIUI的相关功能进行及时迭代和优化。于是，小米的MIUI的开发团队创建了"橙色星期五"的开发模式，以开发团队和用户的论坛互动为核心，系统每周一更新，周五集成开发版，用户可以在论坛进行投票，从自身需求角度出发为产品改进提意见，并生成四格体验报告。同时小米还推出了更加一目了然的使用报告，让用户可以通过在线操作日志进行更专业的反馈。

小米专注收集用户反馈，同时，产品的每次升级，用户也都可以感知，甚至能知道哪方面是根据自己的建议改进的。用户的反馈极大地减少了小米的迭代成本，节省了大量开发测试资源，甚至利用用户口碑为自己的产品免费打广告。

小米致力于实现产品与用户在最大程度上的融合。这样的产品迭代思路贴合用户需求，降低了产品迭代的成本，小米的爆款思维符合其在数字化时代实现零售转型的要求。

12.2 新零售下的供应链变革

新零售模式下的零售企业需要更加灵活、便捷的供应链以支撑企业的高效率运营，这就促进了数字化供应链的快速建立。新零售模式推动了供应链的变革，供应链的变革又反作用于新零售模式的发展。

12.2.1 新型供应链：柔性供应链

在零售全渠道化发展的今天，零售企业为了适应消费方式和消费结构的多元变化，会灵活地应对市场环境的挑战。越来越多的零售企业开始构建更加稳定、可靠、智能的供应链体系。

面对电商模式变革和产业互联网给供应链带来的机遇和挑战，零售企业的供应链亟待向数字化、柔性化转变，以更好地整合现有供应链资源，灵活地应对市场挑战。以酒水零售企业为例，酒水产品的包装多数为易碎材质，对于运输的稳定性和安全性有较高的要求。加上同城配送、及时送达等新型配送条件对物流运输供应链提出了更高的标准，酒水零售企业需要实现更精细化的物流运输管理，搭建全方位、一体化的柔性供应链。

在管理方面，酒水零售企业主要从生产、物流、销售、售后的全链路，解决供应链成本、效率、响应性等方面的问题。酒水零售企业统一接入渠道和货源，以统一的库存模型设计，提高订单的响应效率。同时，酒水零售企业逐渐搭建起专业的物流服务团队，对仓库和物流系统进行全流程无死角的监管，并每日向企业报备产品运输情况，帮助企业提高库存周转率、降低库存成本、提高物流运输效率。

在体系建设方面，酒水零售企业的一体化柔性供应链从数字化体系建设、仓网布局规划、仓配业务构建三个环节优化供应链全流程。打造供应链在物流运输方面的全场景智能化管理、运输流程全程可视、B/C 端商业流通渠道扩展、全链路一体化运营的供应链运营模式，以增强供应链上下游的协同作用。

酒水零售企业持续打造供应链的数字化、柔性化，为零售的数字化转型提供可靠的新引擎，帮助企业实现高质量的业务增长。

12.2.2 直播是如何影响供应链的

新零售时代催生了直播电商的诞生，直播新零售的发展为用户提供了全新的购物体验。同时，直播新零售模式对给供应链运营带来了一定的机遇和挑战。以下是直播新零售模式对供应链的主要影响。

1. 缩短供应链环节，提升供应链响应速度

对于传统供应链，零售商需要通过向供货商提供需求来订货。而在直播新零售模式下，消费者可以通过线上直播平台直接与供货商联系，不再需要零售商作为载体。这种模式拉近了消费者与供货商的距离，使商品能够以更低廉的价格、更快的配送速度到达消费者的手中。减少了零售商拿货的环节，直播新零售模式下的供应链响应速度也得到了相应的提升。

2. "人找货"转变为"货找人"

传统供应链下，消费者需要通过商铺找到所需商品。直播新零售模式衍生出了更多的消费人群，使购物行为从"人找货"逐渐转变为了"货找人"。而在直播新零售模式下诞生的主播，向上主要负责与供应商谈价，向下聚集粉丝和流量，直播成为串联起直播新零售模式的中间商。

3. 仓配一体化需求增加

直播新零售模式下的出货特征是集中爆发式的订单，为高效的仓配一体化模式的发展提供了适用场景。

当下，直播新零售模式依然火爆，供应链的变革仍有广阔的发展空间。零售

企业应充分发挥直播平台的价值，为企业的零售转型增添更多动能。

12.2.3　数字化供应链建设方案

数字化供应链能够提升供应链的响应速度和协同配合效率。数字化供应链能够帮助供应商更好地安排生产，同时提高下游企业的敏捷性，更快地将需求传递给上游企业，从而减少供应链上的内耗。企业可以从以下 3 个方面建设数字化供应链，如图 12-1 所示。

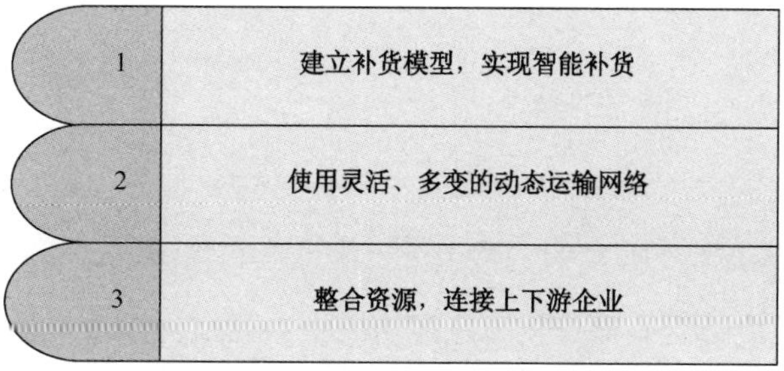

图 12-1　如何建设数字化供应链

1. 建立补货模型，实现智能补货

智能补货能够通过对供应时间、数量、周期的准确控制保证商品的供应效率，实现商品的供需平衡，提高库存的周转效率。智能补货一般采取"数据采集、数据分析、数据预测、智能决策"的补货算法模型。智能补货模型能够及时、准确地展示商品信息、补货时间和补货数量，提高出货计划和销量预测的精准性。

智能补货系统能够精准识别售货机中每个商品的销售动态，自动生成智能补货单，并将补货单及时推送至后仓的显示屏和补货员的手机上。同时，智能补货系统还能够设置最小库存预警来触发补货，尽可能地避免缺货情况。智能补货弥补了人工补货的信息偏差，降低了商品的滞销率和缺货率，使商品的供应量与市场需求尽可能地接近平衡，创造了数字零售的新模式。

2. 使用灵活、多变的动态运输网络

以运输管理云平台 oTMS 的核心系统 oneTMS 为例，oneTMS 是国内顶尖的

运输管理云系统，其将货运环节中的制造商、承运商和收货方集中在同一平台，实现供应链的互联互通和物流运输的高效管理。

oneTMS 能够通过算法推荐与智能匹配技术，帮助货主找到符合业务特性的承运商。oneTMS 允许货主自定义投标准入门槛，获得更精准的承运商。同时，平台数据的沉淀能够使承运商的画像更加清晰、透明，以便于货主选择。相较于复杂的线下比价方式，oneTMS 可以使货主在线创建、分发价格文件，通过算法实现在线智能比价，提高招投标流程的科学性，从而打造一站式智能化运输服务平台。

3. 整合资源，连接上下游企业

在供应链运营参考模型（SCOR）中，任何企业与上下游企业都密不可分。供应链中包含"四流"，即商流、资金流、信息流和物流，这"四流"在整个供应链中流通。企业应结合仓储、物流、配送等一系列服务整合资源，实现企业与上下游企业的紧密连接。企业应持续输出业务指标并规范供应链运作流程，推动供应链的标准化。供应链能够为企业量身定制业务标准和业务分类体系，如材料分类、供应商分类标准等，让数据沉淀更精准。

企业可以建立供应链智能管理系统，连接更多外部场景、角色和服务。通过供应链数据集中、资源聚合实现资源量化管理，使供应链智能管理系统驱动企业生态势能增长，提升企业供应链管理效能，以实现供应链对企业数字化转型的整体赋能。

12.2.4　宋小菜的反向供应链战略

宋小菜是全国知名的生鲜 B2B 平台，其专注于为蔬菜零售商提供蔬菜采购和配送等服务。面对生鲜产品生产分散、运输效率低下和消费者需求日益多样化等问题，宋小菜着力打造以数据和订单为驱动的生鲜类产品的反向供应链。

传统的供应链思维是先有供，再有应；先有生产，再有流通，再有消费。传统的供应链思维是典型的以生产为导向的思维方式。而宋小菜的反向供应链思维是从应开始，再整合供。

首先，围绕 C 端用户做生鲜线上化的企业不在少数，但那些企业常常受制于消费者多元化需求难以满足或者配送履约成本过高等问题，难以正常运营。因此，宋小菜放弃了 C 端用户。

其次，宋小菜放弃了在自营模式和撮合模式中并行的生鲜 B2B 平台，其中一种是以美菜网、永辉彩食鲜等平台为代表的半成品食材供应平台；另一种以安鲜达为代表的服务于 B 端商户的全品类生鲜平台，因为这些平台的履约成本相对较高，且单品采购量相对较少，运营难度较大。

最后，宋小菜选择将农贸市场作为其反向供应链运作的切入点。农贸市场对生鲜的需求量比较稳定，且专业性更强，能够更好地与宋小菜产生高效的协同效应。在搭建反向供应链的战略中，宋小菜允许农贸市场商户提前下单，并在次日早晨到农贸市场附近的冷链网点提货。这种预售式的 C2B 模式能够很好地聚集订单后再集中采购，从而提升库存周转率，降低货物的损耗和浪费。这就是宋小菜以销定采的反向供应链战略。

以销定采最大的难度便是需要精准捕捉、快速响应用户需求。一般来说，一个地区并不会产生太大需求变化。宋小菜根据每个城市的用户需求，在当地汇集几十种蔬菜品类，促使每种蔬菜每天在当地的采购量达到几十吨。当宋小菜平台做到一定规模后，便可以通过数据预测出当地蔬菜的需求变化特征。如此，宋小菜就可以更加精准地帮助蔬菜供应商制订供货规划，提升供应商的供货效率和供应链的整体运行效率。

此外，在生鲜电商领域，在上海成立 4 年时间实现 100 亿年收入，5 年登陆纳斯达克的叮咚买菜的数字化供应链建设和客户端的推广经验也是值得积极借鉴的。

12.3 数字化时代需要全渠道协同发展

数字化零售成为当下零售行业的主流发展趋势，而全渠道协同是数字化零售的关键所在。零售行业的数字化转型推动了线上零售和线下零售的双融合，构建了数字化零售的新格局。

12.3.1 重新定义人、货、场

人、货、场是数字化时代零售转型的关键要素，是零售企业的焦点合集。在数字化转型的过程中，零售企业应关注三要素之间的交互作用，对三要素进行正确的定位。

什么是人、货、场？就是选对的人（外－目标客层＋内－销售人员），挑对的货（风格＋品类＋价格波段＋上市波段），在对的场（城市＋商圈＋地址＋楼层＋VI＋SI＋VM）。人、货、场的具体解释如下。

1. 人：以人为本无限逼近消费者内心需求

在行业内有一个流行语——大数据时代，企业将比妈妈还了解你。其实这也就是智能零售的真实写照：无限贴近消费者的需求，在任何场景下都能智能化地推送消费者真正需要的信息。例如，当某个人想要出去旅游的时候，一份根据其兴趣偏好、饮食习惯、消费习惯制订的旅游指南就会发送到他的手机上。

2. 货：新生产模式C2B定制化生产模式

工业3.0时代，零售模式的法则是大生产+大零售+大渠道+大品牌+大物流，主要目的就是无限降低企业的生产成本。但在工业4.0时代，随着经济和生活水平的持续升级，价格在消费者心中已经不再是最重要的因素。

在大众化消费逐渐转变成小众化消费的情况下，产品也趋于个性化，并被赋予了更多的情感交流。也就是说，如今，从生产的源头开始，人的需求会被更好

地满足。

3. 场：消费场景无处不在

当今，企业与消费者的触点，或者说消费场景，已经实现了爆发式增长。消费者的购物渠道更加多元化，例如，实体店购物、网上购物、电视购物等。可以说，只要有屏幕和互联网的地方，企业和消费者之间都能达成交易。

随着 AR/VR 的进一步发展，消费场景更是无处不在，所见即所得，这也将给人的消费体验带来更大提升。如果消费场景无处不在，定制化生产就会越来越普及，消费者想要的产品就能够触手可及。

12.3.2　短视频渠道成为热点

近年来，短视频平台成为流量聚集的重要场地。不少零售企业在数字化转型的过程中也将焦点放在了短视频的营销和推广上。短视频能够为零售企业创造哪些价值？

首先，短视频的受众对象比较广泛。短视频平台作为当下火爆的社交、娱乐和电商平台，其用户群体广泛，而零售业作为与人们生活密切相关的行业之一，也拥有十分广泛的用户群体。因此，零售企业可以大胆地选择短视频平台进行营销和推广。同时，短视频平台聚集了大量的年轻用户群体，这类用户群体往往具备较强的消费观念和较高的消费频率。零售企业融入短视频平台能够更好地抓住年轻消费群体的注意力，为零售企业创造更加丰厚的收益。

其次，短视频的营销效果较好。社区化运营是短视频平台的主要特点，这就意味着短视频平台具有极强的传播性。零售企业融入短视频平台能够为其产品获取更多的流量。短视频不同于宣传片之类的产品营销方式，短视频往往借助剧情、互动、科普等宣传形式聚焦用户的注意力，与用户在情感上建立联系。因此，零售企业借助短视频平台能够更好地拉近企业与用户之间的距离，帮助企业树立良好的品牌形象，为企业创造更多的收益。

短视频营销模式推动了零售模式的更新和迭代，推动了零售行业的转型进程。随着短视频平台的不断升级和发展，其将成为零售行业在数字化时代提升经济效益和社会效益的主要阵地。

12.3.3　线上线下双融合

从"无人售卖超市"到"半小时送达"，新零售模式的成长引爆了线上线下消费的新零售热潮。近年来，众多传统零售企业开始借助大数据和人工智能等先进数字技术对商品的生产、采购、流通和销售等环节进行了全面升级和改造。

在盒马鲜生体验店，消费者既能购买到活蹦乱跳的海虾，也能直接购买到已经搭配好的食材。如果消费者自行提货不方便，盒马鲜生还为消费者提供送货上门的服务。如今，像盒马鲜生这样的生鲜超市越来越多地出现在人们的日常生活中。

现如今，新零售打通了线上线下全渠道的融合发展，众多零售企业都开始在线上线下齐发力，消费者的购物体验也越来越丰富。而大数据和人工智能等数字技术催生了零售和消费的新模式、新业态，成为零售变革的关键力量。

在无人超市，超市内的屏幕能够自动识别消费者并将消费者的购物偏好和购物经历记录下来。当消费者下次来购物时，系统会自动向消费者推荐商品，使消费者获得更好的购物体验。此外，无人超市还支持消费者线上选择商品，并借助大数据技术优化商品的物流配置，将商品快速送到消费者手中。

数字化时代推动了线上零售与线下零售渠道的双融合，拓宽了零售企业的发展渠道。新零售不仅推动了商品流通方式的变革，还推动了以数据为中心的消费模式的重构。新零售的全渠道发展将为消费者提供更多的消费场景。

第 **❸** 章

营销转型：一站式提升获客率

市场竞争越演越烈，传统的营销模式已经无法及时响应市场和需求的变化，企业亟待通过数字化转型推动营销创新和升级。相较于传统的营销模式，数字化营销能够帮助企业更加精准地洞察用户需求，提升企业的获客率。

13.1 数字化营销引发权力转移

数字化营销时代，权力也发生了相应转移。企业需要借助数字化时代的线上发展机遇巩固自身的商业话语权，为自身创造更广泛的价值空间。

13.1.1 数字化时代，商业话语权在谁手里

商业话语权即影响 C 端的能力。传统营销时代，商业话语权主要掌握在品牌商手里，品牌商通过传统媒体、公关和广告的方式触达 C 端。虽然超级终端也拥有部分话语权，但其话语权的影响力较小。

而进入电商时代，传统媒体逐渐失势，新媒体崛起，企业通过传统媒体触达 C 端的能力逐渐下降，需要借助平台触达 C 端。平台垄断了流量，获得了流量分

配权。没有平台的"钥匙"，任何企业都打不开 C 端的大门。电商时代，商业话语权逐渐落入了平台手中，掌握关键话语权的平台有淘宝、美团、拼多多等。

进入数字化时代之后，品牌商能够依靠新媒体投放进行有组织的品牌传播。品牌商只要从互联网技术上连接 C 端，就能够直接与 C 端进行实时交互，这使传统营销的优势再次发挥出来，商业话语权回归到品牌商手中。不过，在数字化时代，品牌商要想更好地掌握住商业话语权，就要竭力实现营销的数字化转型，其中包括以下两方面建设：

（1）内容生态。品牌商要加快融入互联网生态平台。影响较为广泛的互联网生态平台有三类，分别是以微信等为代表的社交平台、以美团、淘宝等为代表的电商平台和以今日头条等为代表的内容平台。

（2）用户交互。品牌商要着力打造品牌与用户之间的交互体验。电商平台有基于人工智能计算的自动交互模式，也有用户与后台之间的人工交互模式。无论选择哪种模式，品牌商只有努力提升用户与品牌之间的交互体验，才能够更好地触达 C 端、连接用户，进而获得商业话语权。

综上所述，数字化时代的商业话语权虽然重新回归到了品牌商手中，但能否真正掌握住商业话语权，还要看品牌商建设话语权的方式和能力。

13.1.2　营销创新：引爆大众媒体

数字化营销时代已经到来，大众媒体在企业营销的数字化创新和升级中发挥了关键作用，主要体现在以下 4 点，如图 13-1 所示。

1. 媒介渠道一体化

媒介渠道一体化即信息和产品一体化，是数字化营销的初级发展阶段。在旧营销阶段，由于信息和产品在时间和空间上存在间隔，因此，二者几乎是割裂的。而新媒体的发展促使信息能够最大化地超越时间和空间的界限抵达用户，使企业能够借助新媒体实现低成本的内容投放，给企业带来更好的营销效果。

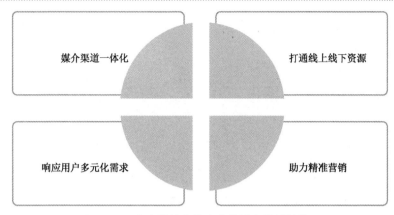

图 13-1　大众媒体在数字化营销中的关键作用

2. 打通线上线下资源

大众媒体的信息共享推动了线上资源和线下资源的深度融合，使企业实现营销无边界全渠道运营。同时，企业通过各类媒体渠道间的资源共享，能够推动全渠道成员的良性循环发展，这也是数字化营销的关键理念。

3. 响应用户多元化需求

传统营销致力于向用户提供产品的解决方案，而数字化营销致力于满足用户的多重需求。数字化营销时代，大众媒体为用户提供了社交、学习和娱乐等多元化线上场景，满足用户的多元化需求。在数字化营销时代，企业不仅是产品的生产者，也是用户学习、社交、休闲和娱乐空间的提供者。

4. 助力精准营销

用户的消费里程一般包含五个阶段，分别是知晓、兴趣、购买、忠诚和推荐。在传统营销时代，企业没有技术和能力来有效管理这五个阶段，无法直接引导用户的购买行为，导致营销效果低下。而数字化营销通过大众媒体进一步创新了营销模式，企业能够通过大数据收集用户在大众媒体上的行为和足迹，根据用户特征聚焦目标用户精准投放，给企业带来更好的营销效果。

数字化时代引爆了大众媒体的新发展，促使企业营销借助大众媒体实现了创新。这也加深了企业与用户之间的融合和连接，使企业的营销活动更具灵活性。

13.1.3　如何联通 B 端与 C 端

无法直接触达 C 端是很多传统企业的营销痛点。CNN 中商基于这一痛点，推出了 BC 联动的数字化营销解决方案，这套方案覆盖了门店市场铺货、私域流量沉淀等数字化营销需求。

CNN 中商基于一物一码技术，采用"箱内赋码、箱外宣传"的模式，打通营销盘活渠道。在该方案中，品牌商通过扫码进货，能够随机赢得奖品，这极大地提高了品牌商的进货积极性。CNN 中商根据商品类型、区域分布、终端类型、时间维度和扫码分布等标签管理，能够实现千店千面的精准化营销，促使品牌的营销效果达到最大化。

在提升消费者积极性方面，CNN 中商通过打造趣味营销来提升复购率。现如今，趣味性、潮流化已经成为年轻消费群体对产品的主要需求。CNN 中商为企业制订了很多趣味性的 C 端营销方案，如会员积分、大转盘抽奖、虚拟奖励和实物奖励等。在数字化营销方案落地的过程中，CNN 中商基于平台优势为营销活动提供活动规划、活动规则配置、二维码赋码、风险管控、活动数据分析和奖励发放等全流程的服务。

同时，CNN 中商致力于沉淀企业的私域流量。私域流量对于 BC 联动来说十分关键，私域运营能够进一步拉进品牌商与消费者之间的距离，助力企业与消费者之间建立更加稳固的链接。CNN 中商的一物一码方案致力于将消费者引流至公众号平台，促使消费者参与有趣的营销活动，以增强消费者与品牌商之间的黏性。

同时，CNN 中商为企业提供基于数字技术的用户画像分析服务，帮助品牌商将各种消费者数据整合成为结构性的无形资产。以数据为支撑的营销策略，使品牌商能够精准地对接消费者，使品牌商的营销更有效果。

CNN 中商的 BC 联动解决方案拉近了品牌商与消费者之间的距离，使品牌商快速实现精准化营销，逐渐占领市场高地。

13.2　更精准的用户洞察

用户洞察能够帮助企业更好地找到目标用户，挖掘用户价值，围绕用户特征和需求提供产品和服务。精准的用户洞察能够实现更加精细化的营销，为企业带来更广阔的利润空间。

13.2.1　用户消费路径发生的巨大变革

随着数字化营销的发展，用户的消费路径也发生了巨大变革。新型消费路径能够更加精准地洞察用户需求，为用户提供更好的消费体验。三种消费路径在不同场景下的具体体现，如图 13-2 所示。

	线下	电商	直播	
搜索路径	超市、便利店	淘宝、京东	淘宝直播	买
内容路径	体验店、购物中心	公众号、小红书	抖音	逛
社交路径	直销、保险	拼多多、云集	快手	跟

图 13-2　三种消费路径在不同场景下的体现

1. 搜索路径

搜索路径是最广泛、最经典的路径，往往由消费者需求激发。例如，进入梅雨季节，消费者需要购买一把雨伞，于是消费者在电商平台搜索雨伞进行下单。再如，消费者在家中做饭的时候需要一袋盐，于是消费者前往超市购买了一袋盐。搜索路径对应的线下场景主要是超市、便利店等，对应的电商场景主要是京东、淘宝等平台，对应的直播场景主要是电商平台的直播。

2. 内容路径

对于商家来说仅仅等待消费者产生需求是远远不够的，这也就催生了内容路径的诞生。例如，小红书平台的好物分享，蜜芽的母婴用品推荐，用户通过浏览这些内容时在不经意间就被种了草，这是因为内容中涵盖的价值唤醒了用户的需求。相较于搜索路径，消费者在内容路径上的决策时间和过程更长。内容路径对应的线下场景主要是购物中心、产品体验中心等，对应的线上平台主要是小红书、公众号等，对应的直播场景主要是抖音。

3. 社交路径

社交路径往往是由信任激发的，消费者通过社交路径单往往是出于对社交对象的信任。社交路径对应的线下场景主要是保险代理、各类直销模式，对应的线上场景主要是云集、拼多多等，对应的直播场景主要是快手。

数字化营销为消费者创造了新型消费路径，使企业能够更加精准地洞察消费者需求，为消费者提供更加多样化的产品服务。

13.2.2　数字化时代的新型用户画像体系

用户画像是用户信息的标签化。数字化营销时代，用户运营在营销中发挥的作用越来越大。而用户画像作为精细化营销的数据基础，能够将产品定向对接给用户，促成用户的留存、裂变和转化。

用户画像体系主要包括用户静态标签体系和用户动态标签体系。静态标签主要包括用户性别、地域、年龄、兴趣、消费水平和消费习惯等。用户动态标签主要从用户行为信息中获取，包括用户在互联网上的浏览记录、购买行为等。大数据和云计算能够精准识别出这些用户动态标签，并将用户动态标签输入到用户画像系统中。下面是绘制用户画像的 4 个步骤。

（1）明确用户画像维度。企业需要明确用户角色和业务发展目标，基于目标用户群体，结合业务目标找到用户画像的大致维度。同时，企业应该将自身业务实际情况与用户画像相结合，对用户信息进行有选择性的筛选。此外，不同端口的信息维度往往不同，例如，B 端更加关注用户的工作能力、工作内容等，而 C

端更加关注用户的性别、年龄、爱好和收入等。

（2）明确用户调研形式。企业需要根据用户、精力、时间和资金预算等因素，选择合理的调查方式采集用户信息，如问卷调研、电话邀约和微信沟通等。常用的用户调研方式大致有 3 种：第一种是定量分析，包括数据分析、调查问卷等；第二种是定性分析，包括访谈法、数据研究；第三种是定量和定性相结合等。

（3）数据分析，角色分类。在收集到到用户数据后，企业需要将这些数据处理为对产品营销的有效信息。企业需要确定用户关键行为变量，促进用户和行为变量的相互对接，归纳用户的行为模式，并预测用户未来的行为模式。

（4）结合用户行为特性，输出用户画像。在对用户特征和行为特性进行总结后，企业可以绘制用户画像的基本框架，并进一步描述用户的属性信息和行为场景，使用户形象更加真实、丰满。

需要注意的是，用户画像并不是一成不变的，企业需要根据用户多维度信息对用户画像进行不断验证和完善用户画像。

13.2.3　技术助力企业看透用户

数字化营销的核心主要是围绕用户消费路径和消费场景，借助数字技术了解和分析用户需求，为企业创造更多与用户接触、互动的机会，推动营销的个性化发展。

企业借助大数据技术能够为用户打上个性化标签，并根据用户标签描绘出用户画像，进而有针对性地推送产品信息，实现精准化营销。企业能够通过大数据技术有效定位客户特征和需求，实现产品与用户的科学合理匹配。

以数字化金融服务商百融云创为例，百融云创依靠大数据和人工智能技术帮助金融企业绘制精准的用户画像，使金融产品能够更加精准地匹配用户。同时，百融云创依靠大数据和云计算技术帮助金融企业构建了覆盖多领域、多产品的风险识别体系，帮助金融企业最大限度地避免业务与运营风险。

百融云创通过精准勾勒用户画像，将业务风控前置到营销端，提升金融企业获客的精准度，帮助金融企业获取高质量的用户，有效降低了金融企业的获客风险和成本。百融云创依靠人工智能技术深度挖掘和分析金融企业的存量用户，并通过智能营销平台实现对用户的精准营销，并激活大量睡眠用户，为金融企业寻找新商机，从而解决金融企业获客难的问题。

百融云创依托大数据技术为金融企业搭建客户价值系统、客户标签体系，帮助金融企业进行用户的精准分层。以金融企业的信贷存量用户营销为例，企业能够基于营销成单分、营销响应分，从睡眠用户、流失用户体系中精准抓取到贷款需求高的用户，并通过短信和 IVR（交互式语音应答）等形式展开营销。在这种情况下，有需求的用户能够及时发现产品，无需求的用户也不会受到打扰，这极大地提升了金融企业产品营销的响应效率，节约了金融企业的营销成本。

在数字化营销不断发展的背景下，百融云创积极利用数字技术，帮助金融企业深入挖掘用户需求，实现金融企业的精准营销，为金融企业创造更大的经济效益和社会效益。

13.3　执行模型：营销转型实用工具

在制定了完善的营销转型策略之后，如何有效地执行营销策略？企业需要掌握一些营销转型实用工具，并建立高效的转型流程，为企业的数字化营销提供助力。

13.3.1　打造完善的 TO B 体系

现如今，TO B 营销越来越受到企业的重视。TO B 营销的成本较低，且获客更精准。TO B 体系的打造有多个方向，其中，建立用户增长体系是打造 TO B 体系的关键。以下是建立用户增长体系的 3 种方式，如图 13-3 所示。

图 13-3　建立用户增长体系的 3 种方式

1. 内容营销

内容营销的发展进入爆发期后，精品内容才是取得营销效果的有力保障。精品内容一定要具备一定的差异化和体系化，而不是复制或转载过来的内容。精品内容需要具备权威性和独家性，并具备可以深度实践的价值，打造精品内容是企业打造 TO B 体系内容的关键方向。企业长期获客的最佳内容形式就是"报告+案例+方法论"。

2. 活动获客

当内容已经充足后，企业就可以开展活动的运营。活动作为 TO B 营销的重要形式，能够更好地实现流量转化。企业可以为目标用户举办具有针对性的活动，将活动中所获取的流量转化为获取营销线索的重要工具。

首先，企业可以通过一些线上活动获取流量，线上活动有多种类型。第一种是内容型活动，如营销公开课、线上产品发布会、大会直播等线上活动形式。第二种是产品类型的活动，如产品体验、产品福利领取等。第三种是营销类型的活动，如周年庆、促销活动或节日活动等。其次，企业也可以通过一些线下活动获取流量，线下活动的类型主要有线下沙龙、线下演讲和线下课程等。

3. 渠道投放

企业需要严谨地选择获客渠道，优化获客网站。在网站搜索引擎上进行投放时，企业需要优化的部分主要包括官网着陆页、关键词和标题词等。在搜索引擎的投放上，企业要尽可能地展现品牌和产品特色，提升获客内容的吸引力。

在打造 TO B 体系过程中，企业要重视内容的价值，以优质内容吸引潜在用户，获取用户信任。同时，企业也要注重选择合适的获客渠道来获取精准客源。

13.3.2 关键任务：抓取高价值数据

数据是数字化营销的关键驱动力，企业应重视数据在营销转型中的关键作用。企业应将数据与业务相结合，借助数据解决业务信息协同难、供应链信息不精准、生产存量大等问题。企业营销在数字化转型的过程中，需要重视数据的作用，将业务问题转化为数据问题，并利用数据培养一定的业务分析能力、沟通能力和其他数字化专业技能。

数据是数字化营销的重要工具。要想更快地实现数字化转型，企业需要能够从数据中分析和总结问题。作为积极拥抱数字化技术的今日获客科技有限公司（以下简称今日获客），依托先进数字技术，汇集上亿的企业用户数据，对企业资源、企业人脉和营销数据等进行数字化管理，使数据能够沉淀至每个营销账号，并汇总到企业管理账号；使企业能够对数据进行建档和归类，方便企业人员随时查询和使用。

今日获客致力于通过数据为企业创造价值，凭借其多年的数据运营经验，从营销策略、营销过程到营销反馈实现了营销全链路的数字化。今日获客通过数据驱动营销，降低了企业的营销成本，同时也极大地提升了企业的营销效果。

此外，今日获客通过大数据技术筛选出高价值的用户数据，为企业精准匹配高价值目标用户，并通过社区管理形式实现企业与用户之间的紧密互动，进一步促成了企业与用户之间的合作，推动数字化营销的高速发展。

13.4 营销数字化方法论

营销数字化转型是企业数字化转型的关键一步。在营销数字化工作开展之前，企业要了解数字化营销的背后逻辑和实施方法，用科学的方法论指导营销数字化工作的实践。营销大师科特勒十多年前就提出的新的市场营销模型——CCDVTP，分别表示创新（Create）、沟通（Communicate）、价值传递（DeliverValue）、目标市场（Target）和获利（Profit）。即针对目标市场，通过创新、沟通和价值传递，实现赢利。现在看来，与现在的短视频和直播带货模式相契合。

13.4.1　数字化营销步骤

1.　明确目标用户和业务情况

企业的核心业务是 TO B 业务还是 TO C 业务？TO B 业务面对的目标客户是谁？产品和服务的差异化如何定位？业务模式的优势和短板是什么？企业需要针对不同业务模式和目标客户，全面剖析企业的业务现状和数字化能力。

2.　将数字化渗透进组织结构

企业要构建高度敏捷的组织结构，使组织在数字化道路上不断进化，趋于成熟。数字化组织结构的建立和完善需要经历以下 4 个阶段。

（1）机会主义阶段。机会主义阶段是数字化组织发展的原始阶段。这个阶段的数字化举措往往由企业的某个部门启动，部门启动数字化主要是为了满足当下市场和业务的需求。

（2）工具导向阶段。在工具导向阶段，企业的核心部门会启动大规模的数字化举措，一些数字化的工具逐渐趋于标准化。

（3）业务导向阶段。在业务导向阶段，企业要根据自身业务情况对数字化行动设置轻重缓急的级别，并由核心部门领导执行，为业务模块的数字化奠定基础。

（4）完全整合阶段。在完全整合阶段，数字即业务。数字化驱动服务成为企业的核心运营模式，数字营销完全整合进企业组织。

3.　优化技术，挖掘数据价值

技术和数据是数字化营销的底层能力。企业要确保数字化系统和工具部署能够如期交付，并规范数据管理方式，打造数字化营销的驱动力。

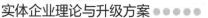

4. 诊断问题，发掘机遇

企业需要将数字化营销模式贯穿业务发展的始终，并根据营销现状，诊断营销问题，定义营销优化方向，挖掘营销改进空间。同时，企业应以客户为中心，根据客户需求、建议和意见，优化客户体验，为客户提供更好的服务，为企业创造更多盈利机会，促进业务增长，形成竞争壁垒。

企业要明确数字化营销的目标，根据自身实际情况，不断验证企业的数字化营销战略，并根据问题和客户需求不断调整和优化，量变引起质变。

13.4.2 转型重点：销售部门+市场部门

销售部门和市场部门是营销转型的两个重点部门，二者应树立数字化思维，利用好数字技术，驱动企业营销数字化转型和升级。

销售部门应学会利用数字技术为销售赋能，大数据平台是赋能销售部门转型的重要工具。以全查查大数据平台为例，全查查依托互联网信息技术，汇集大量全维度数据，为 TO B 企业建立目标用户的动态线索库。

全查查能够从海量数据信息中自动筛选高价值数据，去伪存真，为销售部门提供可供其攻关成单的销售线索，这样的大数据平台是销售部门不可或缺的得力智能助手。不仅如此，企业还可以借助全查查大数据平台的数据沉淀，搭建私域流量池，促使企业能够在业务挖掘的过程中抢占先机。

数字技术能够帮助市场部门更加精准地跟踪营销成本投入的实际效力，帮助市场部门做好预算。市场部门应学会利用大数据技术和云计算技术实时跟踪用户数据信息，动态调整企业产品卖点策划。市场部门应掌握通过大数据分析建立绘制用户画像的能力，为客户提供个性化的精准营销。市场部门借助数字技术能够更好地提升用户服务，为用户提供更加优质的服务体验。

企业要重视销售部门和市场部门的双重力量，用二者的力量带领企业营销的整体转型，为企业营销的数字化转型赋能加码。

13.4.3　营销数字化工作必须有牵头者

营销的数字化是一个需要跨职能团队相互协作完成的复杂工作，这个过程中充满挑战，需要有优秀的领导力帮助企业明确方向，激发企业员工的潜力，促使企业能够更快、更好地实现数字化营销目标。

首先，优秀的领导力能够帮助组织明确营销数字化工作的目标，制订营销数字化工作行动策略，规划执行流程，帮助、指导和训练团队成员，以促进营销数字化工作的顺利开展。

其次，优秀的领导力能够激发团队成员潜能，帮助团队成员建立信心，使团队齐心协力地向数字化营销目标共同迈进。

最后，优秀的领导力能够为企业制订完善的绩效评估方法和风险应对措施，帮助企业及时应对营销数字化工作中的阻碍。同时，优秀的领导力能够很好地监控数字化营销目标的践行过程，评估营销数字化工作的进度和成果，改善营销数字化工作的细节，推进营销数字化工作的进度。

总之，优秀的领导力对于数字化营销工作的顺利实施有关键的保障作用。营销团队在优秀的领导力的带领下能够更好地凝聚精力和实力，助力企业快速实现营销数字化工作的目标。

第 14 章

服务转型：打造交互式极致体验

除了产品，服务水平也影响着企业的可持续发展能力。随着人们生活水平的不断提高，人们对服务的要求也越来越高。因此，企业需要加快服务的数字化转型，将数字技术融入企业的服务模式中，为用户提供高水平、高效率的服务体验。

14.1 服务模式变革的方式

随着数字化时代的发展，服务模式逐渐由线下服务转变为线上线下相结合的模式，由低效能转变为高效能的模式，由大型服务转变为微型服务，服务的数字化变革也满足了数字化时代用户的多元化需求。

14.1.1 打造高效能、高水平服务

为了改善企业的服务水平和质量，很多企业都开始利用数字技术改造企业的服务模式，其中，大数据就是企业用以分析用户对服务的需求的关键技术。数字化时代由大量的数据构成，用户在网络上的每一个行为都会留下数据。只有正确利用用户数据，企业才能够更了解用户需求，为用户提供精准的个性化服务。

以全球知名网络电子商务公司亚马逊为例，亚马逊利用大数据整合用户行为数据，分析用户行为特征，根据用户需求特征为用户提供个性化服务。例如，当新书籍上市后，亚马逊首先会通过大数据平台筛选出购买过该历史类书籍的用户数据，同时亚马逊还会举办"你最喜爱的历史书籍"等投票活动来确定潜在用户。

其次，亚马逊利用大数据平台对目标用户群体的行为特征进行分析，制订恰当的促销方式。例如，网页浏览痕迹显示用户更倾向于选择价格低廉的配送方式，这说明用户期望配送费便宜。因此，亚马逊在推广新书时适合采用"购买该书籍免运费"的方式。

最后，亚马逊会利用大数据平台对用户的反馈信息进行记录，例如，用户是否收到推广邮件，是否打开邮件，是否进入销售界面等，这些数据有助于日后的推广活动。

亚马逊通过大数据对用户数据进行收集和记录，使用户数据转化为企业为用户提供服务的精准信息，以帮助企业持续不断地为用户提供个性化服。而通过大数据精确的用户分析及追踪用户的行为，生成最适合目标用户个性营销方案，也符合用户的购物行为特征，帮助企业实现精准营销和服务。

数字技术为企业服务模式的变革提供了强大助力，帮助企业提升服务效能和服务水平，为用户提供极致的交互体验，以提升用户满意度。

14.1.2 线上与线下被打通

数字化浪潮引爆了线上线下一体化的服务模式，为用户带来了全新的服务体验，为企业创造了全新的服务价值。服务领域的线上线下融合已逐渐成为服务数字化转型的重要方向。

以物业服务企业为例，为了给业主提供更加完善的服务，很多物业服务企业推出了智慧物业服务模式，推动物业线上线下服务相互融合发展。智慧物业通过引入大数据、云计算、区块链、人工智能和物联网等先进数字技术，建设智慧物业平台，并推进智慧物业平台与智能家庭终端、城市运行管理服务平台融合应用，为业主提供一站式服务。

同时，智慧物业还整合养老托育、家政保洁等各种社区到家服务，使业主能够通过智慧物业平台直接下单社区到家服务。此外，智慧物业集合了线上投诉申报、设备管理和维修等服务，业主能够随时进行在线求助、投诉和社区生活问题申报，以便于物业及时了解业主需求，并针对业主问题组建个性化线下小队，为用户提供上门服务。

智慧物业通过线上智能化平台整合了线下社区周边生活类服务资源的优化配置，在社区内建立起智慧便民的生活服务圈，提升社区服务的数字化和智能化水平。智慧物业线上线下服务的一体化不仅简化了物业的服务流程，还大幅提升了物业服务水平和服务效率，为业主提供了更加便捷、高效的服务。

14.2 数字化时代的用户新体验

数字化时代，所有服务行为都可能被记录。因此，企业更应该重视服务的质量和效率。针对用户不断变化的需求，打造更加个性化的服务模式。

14.2.1 数字化服务的实施技巧

企业的数字化服务要始终以用户为中心，挖掘用户需求，将提升用户满意度，实现用户留存和转化作为服务目标，打造数字化优质服务。以下是数字化服务的具体实施技巧，如图 14-2 所示。

1. 利用网络信息吸引用户

基于文本的问答与互动是企业与用户之间常见的交互模式。企业建立自己的用户服务网站，将服务信息提前增设到企业的移动网站、移动应用或者 Web 中。同时，企业应建立积极主动的交互模式。企业可以利用云计算、大数据等数字技术自动识别用户可能遇到的困难和想要了解的问题，及时为用户提供服务。

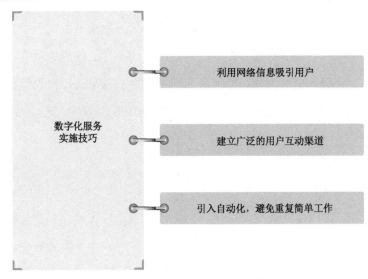

图 14-2　数字化服务实施技巧

2. 建立广泛的用户互动渠道

相较于文本互动模式，语音、视频等互动模式能够给用户带来更好的交互体验。企业可以利用 AR 技术绘制虚拟数字人，使其能够自动接待用户、与用户实时互动。同时，企业也可以在咨询页面搭建真人视频互动模式。在视频互动模式中，为了满足用户在视频咨询中不想露脸的需求，企业可以将 AI 和 AR 技术相结合，利用 AI 人脸识别技术自动识别视频中的用户人脸信息，利用 AR 技术为用户定制虚拟数字人头套。考虑部分用户不愿暴露自己真实声音的需求，企业还可以利用 AI 变声技术合成虚拟语音，也可以通过机器学习技术模拟特定人物的声音，并植入视频连线语音系统中。企业在建立多渠道用户互动时，应尽可能地满足用户的隐私需求，给用户带来轻松、温暖、有趣的咨询体验。

3. 引入自动化，避免重复简单工作

企业可以根据用户咨询意图将用户咨询消息进行分类和优先级排序。对于简单问题，企业可以借助在线机器人和数据库帮助用户解答；对于机器人无法解答的问题，企业可以借助决策树将用户自动录入相匹配的坐席队列。将这种简单、

重复、低价值的工作交给机器人处理，能够帮助用户避免长时间的排队等候，帮助企业更好地提升咨询服务效率，为用户提供更加及时、便捷的服务。

掌握数字化服务的实施技巧能够让企业根据用户需求为用户提供更加高效的服务体验，进而帮助企业更好地把握用户且留存用户。

14.2.2 家政服务业的数字化转型

过去，家政服务业处于高度分散的状态，很多家政企业采用线下接单，联系、记账的经营模式，不仅服务效率低下，服务质量也难以保障。如今，数字技术的发展为家政服务也开辟了更广阔的发展空间。如今，线上家政的种类也越来越多元化，如育儿护老、宠物服务、清洁维修、搬家、开锁换锁和管道疏通等。

例如，宠物服务类 App 支持用户在线预约宠物监管服务。首先，宠物服务类 App 建立了服务人员诚信档案系统，用户在选择服务人员时能够通过服务人员档案了解服务人员的基本信息、健康状况、技术水平、过往服务行为和综合评价，帮助用户选择到更加心仪的服务人员。其次，在服务的过程中，用户可以通过宠物服务类 App 的监管平台的 24 小时监控实时监督服务过程。同时，宠物服务类 App 借助 AI 技术能够自动识别并记录服务人员的实时行为，使用户能够更好地了解宠物情况，安心享受服务。

再比如，58 到家平台为家政服务商家建设了智慧家政系统。智慧家政服务系统在收到订单后能够自动计算订单距离，在合适的范围内为商家智能派单，大幅提升了商家的接单量和接单效率。58 到家借助人工智能、大数据等数字技术及时收集、反馈用户信息和需求数据，帮助商家深入了解用户，挖掘用户需求，减轻商家的线上运营工作量。同时，58 到家还实现了家政服务的面试、签约等环节的线上化，实现服务的便捷化、高效化和透明化。

相较于传统家政服务，数字化家政通过数字技术和海量的数据分析在一定程度上弥补了供需之间的信息鸿沟，帮助商家与用户之间实现高效互配。数字化家政为用户提供了更加高效、可靠的家政服务。

14.3 数字化服务离不开技术

数字技术帮助企业了解用户特征，挖掘用户需求，支撑着服务模式的变革升级和服务场景的多元化发展。数字技术帮助企业打造更加精准的服务模式，为用户提供更加舒适的服务体验。

14.3.1 全息投影：身处异地也能享受实时服务

通过全息投影展示产品，实现远程实时服务是企业服务创新的新模式。目前，全息投影主要用于产品发布会中的展示和广告宣传，能为用户带来全新的产品感官体验。同时，5G、AR 等先进数字技术的落地实现了产品发布会的线上实时远程传输，将生动的画面实时传递给不在现场的用户。这为用户提供了更加自由的时间分配，解决了用户因特殊原因而无法参与产品发布会的问题。

当下，用户更加注重产品信息的真实性、直观性。全息投影技术为用户提供了更好的感官体验，也使用户能够更加直观地了解产品信息。例如，某企业新推出一款鞋子，若想打动用户，使用老套的图文推广策略已经难以吸引用户兴趣。在这种情况下，企业需要通过更加具体化的形式展示产品信息，而全息投影便能够满足企业的这一需求，以下是全息投影的展示效果，如图 14-1 和图 14-2 所示。

图 14-1　新鞋子的原图

图 14-2　新鞋子全息投影图

由图 14-2 可见，在相对黑暗的环境下，全息投影可以利用灰色线条勾勒鞋子的轮廓，使其形成相对立体的模型。当不同形状的图案交叠在一起时，全息投影便能够全方位地展示鞋子细节。全息投影生动地呈现了这款鞋子的特点，使用户能够更加直观地捕捉产品信息。通过全息投影，用户在没有看到实物之前已大致了解鞋子的真实模样。全息投影能够根据企业的需要，从产品形状、色彩到表现形式为企业量身定制符合用户偏好的产品设计，使产品更容易得到用户喜爱。

全息投影的应用很简单。企业只需要将想要宣传推广的产品放在全息投影橱窗之中，全息投影便能够自动识别企业提供的产品图片和信息，生成立体影像。影像支持 360°高能旋转，能全方位地为用户展示产品外观和细节。此外，在 T台走秀的应用上，全息投影能够将模特的身材、步伐和服饰刻画得生动微妙，给用户带来虚拟与现实相融合的梦幻体验。

如今，全息投影的应用范围已经更加广泛，如商场与街头的橱窗中。全息投影将打破空间的限制，使用户获得更好的远程实时体验，更好地向用户展示各类产品。这样不仅能让用户更加了解产品，还能够让用户精准地购买到心仪产品，给用户带来更好的购物体验。

14.3.2　云端健身设备全量感知，跑步机成为健身教练

健康意识的增强，使健身和锻炼成为各年龄层次人们生活中必不可少的部分。人们锻炼的场所选择主要在家庭、健身房和社区健身。这三大板块恰是舒华体育

的健身器材定位的业务范畴。舒华体育是国内健身器材及运动健康解决方案提供商头部企业，是北京 2022 年冬奥会和冬残奥会官方健身器材供应商。

在数字化改造之前，几十万健身设备独立管理，数据互不相通，汇总时需人工手动，费时费力，且无法保障数据的时效性和准确性，不能快速直观地查看设备状态及活跃度，不能实时维护设备，不能给健身客户提供精准服务，市场拓展费时费力。

在企业进行数字化改造后，所有健身设备统一接入华为云 IoT，基于此构建设备 IOC 实时大屏，实时感知设备的在线状态、分布、使用状态等，并对故障提前预警，避免安全隐患发生。同时，根据设备的故障、使用习惯等，为产品迭代、营销等提供精准数据支撑。最终实现一个平台全面管控，数十万设备状态全面感知，管理维护拓展省时省力。

对于健身用户，将跑步机连接华为运动健康 App，能实时记录距离、速度、时间、卡路里、步数等数据。搭配手环等穿戴设备，同步运动时的心率、跑姿状态等数据，结合个人身高、体重体脂，自动调整跑步机跑速、坡度与合理跑步时长，及时发出科学的语音指点，使商用跑步机秒变 AI 教练，提供了健身锻炼的全新体验的同时，提高用户健身兴趣和坚持的毅力。

反侵权盗版声明

电子工业出版社依法对本作品享有专有出版权。任何未经权利人书面许可，复制、销售或通过信息网络传播本作品的行为；歪曲、篡改、剽窃本作品的行为，均违反《中华人民共和国著作权法》，其行为人应承担相应的民事责任和行政责任，构成犯罪的，将被依法追究刑事责任。

为了维护市场秩序，保护权利人的合法权益，我社将依法查处和打击侵权盗版的单位和个人。欢迎社会各界人士积极举报侵权盗版行为，本社将奖励举报有功人员，并保证举报人的信息不被泄露。

举报电话：（010）88254396；（010）88258888

传　　真：（010）88254397

E-mail：　dbqq@phei.com.cn

通信地址：北京市万寿路 173 信箱
　　　　　电子工业出版社总编办公室

邮　　编：100036